J. M. Coetzee
Arabella Kurtz

Eine gute Geschichte

Ein Gespräch über Wahrheit,
Erfindung und Psychotherapie

Aus dem Englischen
von Reinhild Böhnke

S. FISCHER

Die Übersetzerin dankt dem Psychoanalytiker
Joachim Schade, Leipzig, für seine fachliche Beratung
und Überarbeitung des Glossars.

Erschienen bei S. FISCHER

Die Originalausgabe erschien 2015 unter dem Titel
›The Good Story. Exchanges on Truth, Fiction and Psychotherapy‹
bei Harvill Secker, London.

Satz: Dörlemann Satz, Lemförde
Druck und Bindung: CPI books GmbH, Leck
Printed in Germany
ISBN 978-3-10-002548-7

ANMERKUNG DER VERFASSER

Der folgende Gedankenaustausch befasst sich mit der Praxis der psychoanalytischen Psychotherapie und damit, was diese Praxis in einem weiteren gesellschaftlichen und philosophischen Kontext bedeutet. Es werden psychische Prozesse bei Individuen und Gruppen angesprochen, sowohl im klinischen Kontext als auch außerhalb desselben. Da in unserem säkularen Zeitalter und in der westlichen Welt Psychotherapie und das Ideal des persönlichen Wachstums zum Zeitgeist gehören, hoffen wir, dass diese Themen auch für Leser außerhalb der therapeutischen Berufe von Interesse sind.

Der Gedankenaustausch gründet sich auf die Vorstellung, dass eine Therapeutin davon profitieren kann, wenn sie in Begleitung eines Außenseiters der psychologischen Disziplin, in diesem Fall eines verständnisvollen Schriftstellers, ihre Praxis erforscht. Auf den ersten Blick haben die Psychotherapeutin und der Romanautor vieles gemein, zumindest wenn man von ihrem Interessenfokus ausgeht. Die menschliche Natur und die menschliche Erfahrung beschäftigen beide stark, ebenso die Möglichkeiten des Menschen, zu wachsen und sich zu entwickeln.

Die Sprache ist das Arbeitsmittel sowohl von Schriftstellern als auch von Psychotherapeuten. Beide befassen sich mit der Erforschung, Beschreibung und Analyse der menschlichen Erfahrung, mit dem Finden oder Erfinden linguistischer und narrativer Strukturen, in denen Erfahrung gespeichert wird, und mit den äußeren Grenzen der Erfahrung.

Die intellektuelle Kooperation, die sich in diesem Austausch widerspiegelt, begann 2008 und spricht (einerseits) für das Interesse einer Therapeutin, die von einem Romanwerk beeindruckt ist, in dem innere Prozesse aus einer Perspektive geschildert werden, die sich radikal von einer psychotherapeutischen unterscheidet (z. B. der knappe, lebhafte Bericht von Michael K's innerem Widerstand gegen Unterdrückung in *Leben & Zeit des Michael K*); und (andererseits) für das Interesse eines Schriftstellers an der Vertiefung seines Verständnisses für eine postreligiöse Form des therapeutischen Gesprächs.

Dieses Buch ist das zweite Produkt dieser Kooperation. Das erste erschien unter dem Titel »Nevertheless, my sympathies are with the Karamazovs« in der Zeitschrift *Salmagundi*, Nrn. 166–167 (2010), S. 39–72.

Dieser Gedankenaustausch erfolgt in einem interdisziplinären wie auch forschenden Geist. Er folgt nicht immer einem geradlinigen Gedankengang. Es gibt manchmal Wiederholungen und Widersprüche, man kommt immer wieder auf hartnäckige Fragen zurück oder verfolgt einen Gedankengang, ohne zu wissen, wohin derselbe führt. Das alles geschieht in der Hoffnung, dass sich hier und da eine neue Sicht auf die Praxis der psychoanalytischen Psychotherapie und auf das psychotherapeutische Projekt in seinen weiteren gesellschaftlichen Ausprägungen öffnet.

Die Autoren bedanken sich für hilfreiche Kommentare zu Entwürfen der hier veröffentlichten Texte und / oder für wertvolle Diskussionen über relevante Ideen bei: Nick Everett, Jillian Vites, Orna Hadary, Margot Waddell und Daisy Evans.

AK & JMC

ANMERKUNG DER ÜBERSETZERIN

Die Praxis in manchen (wissenschaftlichen) englischen Texten, durch die Kombination eines Subjekts im Singular mit einem Verb im Plural anzuzeigen, dass die männliche und die weibliche Form des Subjekts gemeint sind, kann im Deutschen nicht nachvollzogen werden. Um den Text nicht unnötig aufzublähen, wurde an diesen Stellen im Deutschen die maskuline Form Singular gewählt.

BEMERKUNG ZUR VERWENDUNG
KLINISCHER BEISPIELE

Details der klinischen Beispiele, die in dem Gedankenaustausch verwendet werden, wurden verändert, um die
Anonymität von Patienten zu wahren. Es wurde entschieden, das Material unkenntlich zu machen, anstatt die
Genehmigung der Patienten einzuholen, weil bei Letzte-
rem die Gefahr der Beeinflussung des therapeutischen
Prozesses bestand.

GLOSSAR UND QUELLENANGABEN

Die fettgedruckten Termini werden im Glossar erläutert.
Fußnoten führen den Leser zur Literaturliste im Anhang.

EINS

Was es bedeutet, der Autor seiner Lebensgeschichte zu sein (seine Vergangenheit zu erfinden) statt nur ihr Erzähler. Wenn man eine gutgebaute Erzählung produziert, statt die wahre Geschichte zu erzählen.

Der Psychoanalytiker als der idealerweise aufmerksame Zuhörer: Widerstände in der Erzählung heraushören und analysieren. Das therapeutische Ziel: die Freisetzung der Patientenstimme, der narrativen Vorstellungskraft des Patienten.

JMC – Was sind die Eigenschaften einer guten (einer plausiblen, einer sogar fesselnden) Erzählung? Wenn ich anderen meine Lebensgeschichte erzähle – und wichtiger noch, wenn ich mir selbst meine Lebensgeschichte erzähle –, sollte ich dann versuchen, daraus ein gutgebautes Kunstprodukt zu machen, indem ich die Zeiten, in denen nichts passierte, schnell abhandle, die Dramatik der Zeiten, in denen viel passierte, steigere, der Erzählung eine Form gebe, Erwartung und Spannung erzeuge; oder sollte ich im Gegenteil neutral und objektiv sein, mich darum bemühen, eine Art von Wahrheit zu erzählen, die den Kriterien einer Gerichtsverhandlung entspräche: die Wahrheit, die ganze Wahrheit und nichts als die Wahrheit?

Welche Beziehung habe ich zu meiner Lebensgeschichte? Bin ich ihr bewusster Autor, oder sollte ich mich schlicht für eine Stimme halten, die mit so wenig Einmischung wie möglich einen Strom von Worten äußert, die aus meinem Inneren aufsteigen? Und vor allem, was sollte oder muss ich weglassen angesichts des reichen Materials in meinem Gedächtnis, das Material eines Lebens, wenn ich mir Freuds Warnung vor Augen halte, dass das, was ich ohne nachzudenken weglasse (d. h., ohne bewusst nachzudenken), der Schlüssel zur tiefsten Wahrheit über mich sein kann? Doch wie ist es logisch betrachtet für mich möglich zu wissen, was ich ohne nachzudenken weglasse?

◆ ◆ ◆

AK – Vermutlich ist es die Aufgabe der Psychoanalyse zu versuchen, die tiefste Wahrheit zu erzählen; oder etwas bescheidener und exakter, die Widerstände dagegen zu analysieren, damit die Geschichte eines Individuums zu einem gewissen Zeitpunkt so umfassend und zusammenhängend und engagiert wie möglich hervortreten kann – weil es ein fortlaufender Prozess ist und die Geschichte sich ständig verändert. Die wahre Geschichte, die man als Kind erzählen könnte, unterscheidet sich von der Geschichte, die man über dieselben Erlebnisse als Heranwachsender oder als Erwachsener erzählen könnte und so weiter.

Freud empfahl die Methode der freien Assoziation als besten Weg, um im Sprechzimmer Zugang zu unbewussten Erfahrungen zu bekommen, doch nach meiner Erfahrung funktioniert das nicht wirklich so, wie man es erwartet. Der Patient wird aufgefordert, so frei zu sprechen, wie ihm möglich ist, ohne auf die üblichen gesellschaftlichen Vorschriften und Gepflogenheiten zu achten, doch was er oder sie meist entdeckt, ist das Ausmaß, in dem der freie Ausdruck behindert wird – selbst in der Privatsphäre der eigenen Gedanken. Das ermöglicht uns zu erkennen, wie die **Abwehrmechanismen** des Individuums operieren, und an der Analyse des **Widerstands** zu arbeiten, was eine wichtige Aufgabe bei den meisten Therapien ist.

Eine Vorstellung von der Psychoanalyse ist die, dass sie darauf abzielt, die erzählerische oder autobiographische Vorstellungskraft freizusetzen. Wenn wir dieser Argumentationslinie folgen, ist es möglich, dass ein Schriftsteller wie Sie Erkenntnisse über die Form, die diese Erzählung im Sprechzimmer annimmt, zu bieten hat.

♦ ♦ ♦

JMC – Also gut. Dann möchte ich eine Frage stellen, die mich schon geraume Zeit beschäftigt hat. Was bewegt Sie als Therapeutin zu dem Wunsch, Ihren Patienten mit der Wahrheit über sich zu konfrontieren, statt offen oder insgeheim an einer Geschichte mitzuwirken – nennen wir sie eine Fiktion, doch eine stärkende Fiktion –, die dem Patienten ein gutes Selbstgefühl verschafft, gut genug, um in die Welt hinauszugehen und besser lieben und arbeiten zu können?

Eine radikalere Formulierung derselben Frage ist: Sind nicht alle Autobiographien, alle Lebensberichte, Fiktionen, wenigstens in dem Sinn, dass sie Konstruktionen sind (Fiktion vom lateinischen *fingere*, gestalten oder formen oder bilden)? Es wird hier nicht behauptet, dass die Autobiographie frei in dem Sinn ist, dass wir unsere Lebensgeschichte nach unseren Wünschen erfinden können. Vielmehr wird behauptet, dass wir beim Produzieren unserer Autobiographie dieselbe Freiheit ausüben, die wir in Träumen haben, in denen wir eine Erzählform, die uns gehört, selbst wenn sie durch Kräfte beeinflusst wird, die dunkel für uns sind, auf Elemente einer erinnerten Realität anwenden.

Wie wir beide wissen, gibt es eine Reihe von Selbsthilfe-Therapien, die ziemlich deutlich darauf abzielen, der betreffenden Person zu einem guten Selbstgefühl zu verhelfen, und die auf das Wahrheitskriterium nicht allzu viel Wert legen, wenn die Wahrheit nur schwer zu verkraften ist. Auf solche Therapien blicken wir häufig herab. Wir sagen, dass die Heilung, die sie bringen, nur eine scheinbare ist, dass die betreffende Person früher oder später wieder mit der Realität kollidieren wird. Aber was ist, wenn wir durch eine gewisse gesellschaftliche Übereinkunft beschlossen haben, keinen Staub aufzuwirbeln, sondern stattdessen zusammenzukommen, um uns unsere Phantasien gegenseitig zu bestätigen, wie es in manchen Therapiegruppen geschieht? Dann gäbe es keine Realität, mit der man kollidieren könnte.

In unserer liberalen, postreligiösen Kultur neigen wir dazu, dieses erzählerische Vorstellungsvermögen als eine wohltätige Kraft in uns zu betrachten. Doch man kann es auch anders sehen, wenn man von unserer Erfahrung ausgeht, wie Selbstdarstellungen im Leben vieler Menschen funktionieren: als eine Fähigkeit, die wir nutzen, um für uns und unseren Kreis die Geschichte auszuarbeiten, die uns am besten passt, eine Geschichte, die rechtfertigt, wie wir uns in der Vergangenheit verhalten haben und in der Gegenwart verhalten, eine Geschichte, in der wir ganz allgemein im Recht sind und die anderen im Unrecht. Wenn diese Selbstdarstellung allzu offensichtlich mit der Realität kollidiert, mit den wirklichen Zuständen, schließen wir als Beobachter, dass die betreffende Person sich etwas vormacht, dass die von der Einbildungskraft erzeugte ganz persönliche Wahrheit mit der realen Wahrheit in Streit liegt. Gehört es daher nicht zu den Aufgaben des Therapeuten, dem Patienten klarzumachen, dass es ihm nicht freisteht, seine Lebensgeschichte nach Belieben zu erfinden, dass das Erfinden von Geschichten über uns selbst ernsthafte Konsequenzen in der realen Welt haben kann?

♦♦♦

AK – Aber eine Darstellung des eigenen Lebens, die in der von Ihnen beschriebenen Weise zu eigennützig ist, wird schwach und nicht haltbar sein und sich leicht selbst widerlegen. Man könnte das, was in der Psychoanalyse geschieht, beschreiben als Kombination von aufmerksamem Zuhören und gezieltem Kommentar – zu jenen Aspekten einer Lebensgeschichte, die offenbar nicht haltbar sind oder darauf hinweisen, dass eine überzeugendere, darunterliegende Geschichte auftauchen könnte. Das habe ich mit meiner Bemerkung gemeint, dass die Psychoanalyse meines Erachtens die Freisetzung der erzählerischen Vorstellungskraft anstrebt.

Ich möchte Sie als Schriftsteller fragen, ob diese Vorstellung, dass man mit Hilfe von Deckerzählungen zu einer wahreren Erzählung durchdringen kann, Anklang findet? Ich meine, wahrer im Sinn von poetischer oder emotionaler Wahrheit, wenn eine Sache sowohl treu sich selbst gegenüber und in sich geschlossen als auch in Übereinstimmung mit den Sachen draußen ist, aber nicht notwendigerweise auf eine Art, die transparent oder direkt ist. Und was Schriftsteller wissen und Psychotherapeuten von ihnen lernen können, wie ich glaube, ist, dass der beste Weg, um etwas sowohl Wahres als auch Neues oder neu bewusst Gewordenes zu erhalten, oft ein kreativer Weg ist oder zumindest nicht dem entspricht, was in unserer gemeinsamen Realität auf ungeprüfte Weise als wahr etabliert und festgelegt ist.

Ich glaube wirklich, dass die besseren Psychotherapeuten, wie die besseren und verständnisvolleren Zuhörer, mehr auf den inneren Zusammenhang einer Erzählung achten – auf die unausgesprochenen Wünsche und Frustrationen, die sich nach und nach in Ungereimtheiten und Brüchen in Form und Inhalt zeigen – und weniger von ihren externen Vorstellungen von der Realität einer Situation oder ihren vorgefassten Meinungen, wie ein Leben gelebt werden soll, einbringen.

ZWEI

Schriftsteller und ihre problematischen (vielleicht selbstdienlichen) Vorstellungen von der Wahrheit. Die Formbarkeit des Gedächtnisses. Erinnerungen verankern, anstatt den Erinnerungsspeicher zu plündern, um die Lebensgeschichte umzuschreiben. Die Verlockung der Selbsterfindung. Gesellschaftliche Folgen der freien Selbsterfindung.

Die Patientenwahrheit im therapeutischen Kontext. Dynamische (sich entwickelnde) Wahrheit. Die Mittlerrolle des Therapeuten. Intersubjektive Wahrheit. Mitgefühl. Die Rolle des Herzens, die Rolle des Kopfes. Geteilte soziale Erfahrungen als Bremse für rücksichtslose Selbsterfindung. Die Lehren der Kunst. Die Begegnung mit Kunstwerken als eine intersubjektive Erfahrung. Lernen, seine eigene Perspektive einzunehmen; ein klinischer Fall.

JMC – Ich muss wohl auf der Frage beharren, die ich das letzte Mal gestellt habe: Ist es das Ziel des Therapeuten (ich schreibe absichtlich nicht, das Ziel der Therapie), den

Patienten mit der wahren Geschichte seines Lebens zu konfrontieren oder vielmehr mit einer Geschichte seines Lebens, die es ihm ermöglicht, angemessener oder glücklicher zu leben (nach der Freud'schen Minimal-Richtlinie heißt das, dass er in die Lage versetzt wird, wieder zu lieben und zu arbeiten)? Welches Maß an Flexibilität kann sich die Therapie in der Praxis leisten? Natürlich strebt der Therapeut immer das ideale Ergebnis an, die ganze Wahrheit und die Akzeptierung der ganzen Wahrheit durch den Patienten; doch muss sich der Therapeut, wenn man die zeitlichen und finanziellen Beschränkungen bedenkt, nicht sehr oft mit einem weniger guten Ergebnis zufriedengeben, mit einer Wahrheit, die nicht die ganze Wahrheit ist, die jedoch gut genug ist, um den Patienten wieder arbeitsfähig zu machen?

Wenn ich lese, was Freud in seinen weniger pessimistischen Momenten geschrieben hat, stelle ich fest, dass er auf eine meiner Meinung nach bedingungslose Art die Richtlinie wiederholt: Du sollst die Wahrheit wissen, und die Wahrheit wird dich frei machen. Meine Frage ist: Wenn das Ziel der Therapie darin besteht, den Patienten frei zu machen, ist die Wahrheit der einzige Weg zur Freiheit? Könnte nicht eine *Version* der Wahrheit, nicht so umfassend wie die ganze Wahrheit und vielleicht an die Erfordernisse des Moments angepasst (die Erfordernisse zu diesem Zeitpunkt im Leben des Patienten), genauso gut funktionieren, wenn es das Ziel ist, den Patienten wieder ins Gleis zu bringen?

Für mich ist die Frage brisant, weil zumindest seit Platons Zeiten die Dichter (das heißt, Leute, die Geschichten erfinden) bezichtigt werden, dass sie nicht in erster Linie der Wahrheit verpflichtet seien. Die Dichter verteidigen sich typischerweise mit der Erklärung, dass sie an die Wahrheit glauben, aber dass sie ihre eigene Definition haben, worin die Wahrheit besteht. Wenn man ihre Definition untersucht, stellt sie sich gewöhnlich als gemischt heraus. Die poetische Wahrheit besteht zum Teil darin, die Welt zutreffend (»wahrheitsgemäß«) widerzuspiegeln, doch zum anderen Teil entspricht sie einer inneren Folgerichtigkeit, Eleganz und so weiter – mit anderen Worten, autonomen ästhetischen Kriterien.

Bei Platons Argumenten gegen die Poeten geht es im Kern darum, dass sie, wenn sie zwischen Wahrheit und Schönheit wählen müssen, allzu bereit sind, die Wahrheit zu opfern. Bei den Argumenten der Poeten geht es im Kern darum, dass Schönheit ihre eigene Wahrheit besitzt.

Man findet irgendeine Version des Schönheit-ist-Wahrheit-Arguments in der Praxis fast jeden Schriftstellers. »Ich mag ja diese Geschichte erfinden, aber aus geheimnisvollen Gründen, die mit ihrer inneren Stimmigkeit, ihrer Plausibilität, ihrem Eindruck von Richtigkeit und Unausweichlichkeit zu tun haben, ist sie trotzdem in gewissem Sinn wahr oder erzählt sie uns zumindest etwas Wahres über unser Leben und die Welt, in der wir leben.«

Der Poet, sagt Platon, überzeugt uns von der Wahrheit seiner Version, wie die Dinge sind, und überzeugt uns, in-

dem er das volle Arsenal der poetischen Tricks und Kunst-
griffe benutzt. Der Poet gleicht somit dem Rhetoriker, der
nicht das Ziel hat, zur Wahrheit vorzudringen, sondern
der einen von seinen Ansichten überzeugen will.

Ich kehre zur therapeutischen Situation zurück. Was
hindert mich als Therapeuten daran, mir vorzunehmen,
das zu benutzen, was der Patient mir erzählt, um zu einer
überzeugenden (das heißt, plausiblen) Erzählung über
das bisherige Leben des Patienten zu kommen und zu
einer überzeugenden Skizze, wie dieser Erzählstrang so
in die Zukunft geführt werden kann, dass der Patient in
der Welt lieben und produktiv arbeiten kann?

Die offensichtliche Antwort ist: Meine Loyalität gegenüber der Wahrheit hindert mich daran. Doch kann in der
Praxis die Wahrheit – die ganze Wahrheit – ohne endlose
Analyse erreicht werden? Und wenn eine nicht enden
wollende Analyse nicht praktikabel ist, warum sollte man
sich dann nicht mit einer Version der Wahrheit begnügen,
die in gewissem Sinn funktioniert?

♦ ♦ ♦

AK – Die kurze Antwort auf Ihre Frage ist: Ja, natürlich
muss man sich mit einer Version der Wahrheit, die funktioniert, zufriedengeben. Doch nach meiner Erfahrung
IST es sehr oft die Wahrheit, die funktioniert – ich kann
den Gegensatz zwischen Praktikabilität und Wahrheit in
Ihrer Darstellung nicht akzeptieren. Zunächst einmal ha-

ben ja die Menschen, wenn sie so weit sind, einen Psychotherapeuten zu konsultieren, oft schon alle plausiblen
und vernünftigen Erklärungen für das, was geschieht, erschöpft und alle möglichen Formen praktischer Hilfe
ausprobiert. Es bedarf eines Psychotherapeuten, der dem
Patienten hilft, tiefer zu graben und gewissermaßen zu
begreifen, warum er so unglücklich ist, was vorher nicht
möglich war, meist weil man nicht in der Lage ist, sich etwas Schmerzlichem oder Schwierigem zu stellen. Wenn
das geschieht, wie unzureichend und unvollständig auch
immer, fühlt es sich wie die Wahrheit an. Keine historische oder wissenschaftliche oder philosophische Wahrheit, sondern eine emotionale Wahrheit.

Ich möchte versuchen, noch etwas mehr über die Natur
der Wahrheit in der Psychotherapie zu sagen, weil ich
glaube, dass es eigentlich darum geht. Denken wir einen
Moment daran, wie sich die eigene Vorstellung von den
Eltern, nehmen wir an, von der Mutter, im Lauf des Lebens
verändert, so dass man bei einem psychotherapeutischen
Gespräch unterscheiden kann zwischen der Sicht auf die
Mutter, die man als Baby hatte, und der Sicht, die man als
Kind hatte, als Heranwachsender, als junger Erwachsener
mit oder ohne eigene Kinder, als Erwachsener in mittleren
Jahren und so weiter. Wenn man sich das als Beispiel dafür,
wie sich Lebenserzählungen in der Therapie entwickeln,
vor Augen hält, scheint mir nun, dass es keine irgendwie
festgelegte und ewige Wahrheit gibt, die allmählich und
mühsam erworben wird – in diesem Fall im Hinblick auf

die Mutter und wer sie wirklich war und ist. Oder wenn es sie doch geben sollte, dass es dann wenigstens nicht die Aufgabe der Therapie ist, wie ich sie verstehe. Darüber hinaus ist es doch so, dass Therapeut und Patient darauf hinarbeiten, die Art und Weise zu verstehen, wie eine intime, prägende Beziehung im Kopf des Patienten erlebt wird. Dabei ist die Perspektive wichtig: Wo befindet sich der Patient im Hinblick auf seine eigene Entwicklung und seine Bedürfnisse, sein Temperament, die Art der Beziehung und die äußere Situation, wie sie von ihm erlebt wird. Aus diesem Grund ist die Wahrheit in der Psychotherapie ihrem Wesen nach dynamisch, weil sie aus der Perspektive eines Lebewesens abgeleitet ist, eines Lebewesens, dessen äußere und innere Charakteristika sich im Laufe der Zeit verändern, wenn auch geringfügig.

Wenn zum Beispiel ein Patient seine Mutter idealisiert, um sich vor der vollen Wucht der Enttäuschung über sie zu schützen, kommt es darauf an, dem Patienten zu helfen, die emotionale Logik der Situation zu ergründen und zu verstehen, wo sie sich in seine Entwicklung einfügt und wie die daraus resultierende Geisteshaltung eine Weiterentwicklung behindert. Man könnte das tun, indem man praktisch eine Verzerrung beseitigt und etwas aufdeckt, was sich für den Patienten realer und wahrer in der äußeren Welt anfühlt. Aber als Psychotherapeut arbeitet man darauf hin, die innere Welt des Patienten zu verstehen und die Notwendigkeit der Verzerrung zu beseitigen, indem man diese Notwendigkeit versteht – statt zu viel äußere

Wahrheit anzubieten. (Meiner Auffassung nach gerät das letztere Vorgehen in gefährliche Nähe zu der Art des Kritisierens und Abwertens von emotionalen Erfahrungen, die die Menschen in erster Linie zur Therapie führt.)

Wahrheit in der psychoanalytischen Psychotherapie ist innere Wahrheit – die Wahrheit dessen, was im Herzen und im Kopf des Patienten ist, erkannt und – wenn man Glück hat – verstanden vom Herzen und vom Kopf des Psychotherapeuten. Denn genauso wie man stets zu berücksichtigen versucht, dass der Patient ein erkennendes Subjekt ist, das die Welt auf seine einzigartige Weise erlebt, und ihm zu helfen versucht, sich stärker als solches wahrzunehmen, ist auch der Psychotherapeut ein erkennendes und fühlendes Subjekt in Bezug auf den Patienten als Objekt. Und ebendiese Art und Weise, in der die Therapie alle Vorgänge des Wissens und Verstehens spiegelt, an denen ein Objekt und ein Subjekt beteiligt sind, ermöglicht eine angemessen mitfühlende und emotional angepasste Erforschung der Methode, mit der der Patient sich die Welt erklärt.

Die Wahrheit, auf die sich die Psychotherapie, oder wenigstens meine Version der Psychotherapie, gründet, ist stets dynamisch, provisorisch und intersubjektiv. Sie ist enthalten in den Bedingungen für eine Beziehung, die anstrebt, über innere Erfahrungen nachzudenken und damit dem Patienten zu helfen, ein möglichst erfülltes Leben in der Welt zu führen. Sie gründet sich meines Erachtens auch auf den Glauben, dass wir uns nur durch andere voll und ganz kennen und verstehen können – durch die Art und Weise, wie wir andere und uns im Verhältnis zu anderen erleben, und wie andere uns erleben.

Das habe ich als Thema Ihres Buches *Sommer des Lebens* wahrgenommen.

♦ ♦ ♦

JMC – Hinter dem von Ihnen Gesagten steht so offensichtlich ein Reichtum an klinischer Erfahrung und gründlicher Reflexion über diese Erfahrung, dass eine Antwort darauf mir Verlegenheit bereitet. Ich habe keine derartige Erfahrung, weder von der einen noch der anderen Seite des klinischen Dialogs; der Fall, den ich schildere (und ich frage mich, ob das überhaupt einen Fall darstellt), klingt für mich abstrakt bis zur Wirklichkeitsfremdheit. Aber ich will dennoch fortfahren, so gut ich kann.

Lassen Sie mich mit einer philosophischen Frage beginnen. Was ist ein Ereignis an und für sich, im Gegensatz zu dem Ereignis, wie wir es für uns selbst interpretieren, oder wie es uns gegenüber oder für uns von anderen interpretiert wird, speziell von Autoritätspersonen? »Als ich acht Jahre alt war, schlug mich mein Vater mit einem Tennisschläger«, sagt ein Subjekt. »Das stimmt nicht«, sagt sein Vater. »Ich habe den Tennisschläger geschwungen und ihn versehentlich damit getroffen.« Was ist wirklich passiert? Insbesondere, stimmt die Erinnerung des Jungen an das Ereignis oder die des Vaters? Ich nenne es eine Erinnerung, aber das ist eine Vereinfachung: Es ist eine Erinnerungsspur, die einer gewissen Interpretation unterworfen wurde. Ich könnte sogar weitergehen und sagen, dass es eine Erinnerungsspur ist, die einer Interpretation unterworfen wurde, hinter der ein bestimmter Wille zur Interpretation steht (im Fall des Jungen vielleicht ein Wille, dem Ereignis die schwärzeste Interpretation zu geben, im Fall des Vaters ein Wille, ihm eine harmlose Interpretation zu geben). Wie können wir die Erinnerungskomponente von der Interpretationskomponente trennen, wenn wir den Willen hinter der Interpretation für den Moment unberücksichtigt lassen? Ist es möglich – philosophisch, aber auch neurologisch –, von einer Erinnerung zu sprechen, die ursprünglich ist, nicht gefärbt durch Interpretation?

Erst kürzlich habe ich einen Artikel von Jonathan Franzen gelesen, in dem er sagt, dass er, nachdem er ein Interview nach dem anderen zur Werbung für sein neues Buch über sich hatte ergehen lassen, das Gefühl gehabt habe, er müsse sich losreißen, sonst würde er schließlich an die Lebenserzählung glauben, die er in den Interviews zum Besten gegeben habe. Ich interpretiere ihn in dem Sinne, dass er nicht etwa Unwahrheiten in den Interviews gesagt hat, sondern dass die ständige Wiederholung einer einzigen Darstellung seines Lebens eine so tiefe Spur eingegraben hat, dass er bald die Freiheit verlieren würde, sein Leben anders zu interpretieren (zu erinnern).

Eine Lebensgeschichte als Kompendium von Erinnerungen zu begreifen, die man entsprechend den Erfordernissen (und Wünschen) der Gegenwart frei interpretieren kann, scheint mir charakteristisch für die Denkweise eines Schriftstellers zu sein. Das kontrastiert meiner Ansicht nach mit der Art und Weise, wie viele Menschen ihre Lebensgeschichte sehen – als eine Geschichte, die für immer festgelegt ist (»man kann die Vergangenheit nicht ändern«). Es ist doch seltsam, wie viele von uns unsere Lebensgeschichte festlegen wollen, indem wir uns selbst und anderen immer wieder die eine oder andere bevorzugte Interpretation davon erzählen.

Man kann täglich triviale Beispiele für das Festlegen eines Stücks Geschichte hören, wenn man im Bus sitzt und Gespräche mit anhört. »Ich habe ihr gesagt ... Sie hat zu mir gesagt ... Ich habe zu ihr gesagt ...«

Sie schreiben über die sich ändernde Weise, in der man die Vergangenheit sehen kann, entsprechend dem jeweiligen Alter oder der persönlichen Entwicklung; Sie benutzen das Wort *Perspektive*. Ich glaube, Sie und ich sind in dieser Beziehung nicht weit voneinander entfernt. Der Therapeut, der mit der »üblichen« Auffassung konfrontiert wird, dass die Vergangenheit eines Menschen (exakter, die Geschichte von der Vergangenheit) unveränderlich ist, muss das gewiss als Hindernis erleben.

Was mich an diesen festgelegten Lebensgeschichten interessiert, ist, wie schon gesagt, nicht so sehr, was hineingelangt, sondern was ausgelassen wird.

Dinge auszulassen ist vermutlich **Verdrängung**; und die Theorie besagt anscheinend, dass die ausgelassenen

Stücke sich noch irgendwo in den dunklen Winkeln des Gedächtnisses befinden. Ich weiß, das menschliche Hirn ist riesig, aber ist es wirklich groß genug, alles zu behalten, was ausgelassen wurde? Ist das, was wir auslassen, am Ende nicht das ganze Universum minus unserem kleinen Anteil? Wir lassen es weg, sagen wir, weil es nicht relevant ist. Das bedeutet, dass es für die gegenwärtige Interpretation, die wir unserer Vergangenheit zu geben belieben, nicht relevant ist.

Und das alles bringt mich zurück zu Ihrem Hinweis, dass Psychotherapeuten von Schriftstellern (in diesem Fall Prosaschriftstellern) lernen könnten, wie man zu einer Lebenserzählung gelangen oder zumindest sich mit ihr begnügen kann, einer Lebenserzählung, deren Wahrheit poetisch ist (ein schwer zu definierender Begriff – später schreiben Sie von »der Wahrheit dessen, was im Herzen und im Kopf ist«, was dasselbe sein kann oder auch nicht) und nicht so sehr pragmatisch, in Übereinstimmung mit den Fakten.

Ich würde dem zustimmen und könnte sogar überredet werden, noch weiter zu gehen und zu sagen, dass der Therapeut darauf hinarbeiten könnte, beim Patienten eine Freiheit zu fördern, Herr über seine eigene Lebenserzählung zu sein; dass das Gefühl der Freiheit oder Meisterung, und was damit erreicht werden kann, sich als wichtiger als die Erzählung selbst erweisen kann.

Es fragt sich jedoch, ob wir uns wirklich in einer Gesellschaft bewegen wollen, in der sich jeder um uns herum ermächtigt fühlt (diesen Begriff benutze ich mit Vorsicht), »zu sein, wer er sein will«, indem er den persönlichen Mythos (den »poetischen« Mythos) lebt (auslebt), den er für sich konstruiert hat. Vertrauen wir auf die menschliche Phantasie als einer Kraft, die ausnahmslos das Gute schafft? Greift nicht die menschliche Phantasie in neunundneunzig von hundert Fällen auf die banalsten Geschichten zurück, aufgelesen aus einem kommerziellen Repertoire?

Ich bin nicht sicher, wohin das führt. Einerseits beunruhigt mich die Aussicht auf eine Welt, in der die Menschen unter Freiheit auch die Freiheit verstehen, ihre persönlichen Geschichten unaufhörlich rekonstruieren zu können, ohne Sanktionen (ohne das **Realitätsprinzip**) befürchten zu müssen. Wenn andererseits eine Person, die tief unglücklich ist, aufgeheitert werden kann, indem man sie ermutigt, ihre Lebensgeschichte zu revidieren, indem sie ihr eine positive Wendung gibt, wer könnte etwas dagegen haben?

Im ersten Fall scheint mir die Wahrheit entschieden wichtig zu sein. Wir können schlicht nicht alle die sein, die wir sein möchten. Im zweiten Fall scheint mir die Wahrheit weniger wichtig zu sein. Was ist unrecht an einer harmlosen Lüge, wenn sie uns besser fühlen lässt? (Beispiel für eine solche Lüge: Nach unserem Tod wachen wir in einer anderen, besseren Welt auf.)

Helfen Sie mir, hier weiterzukommen.

♦ ♦ ♦

AK – Versuchen kann ich es ja!

Wenn ich Ihre Aussagen etwas interpretiere, höre ich folgende psychologischen Alternativen heraus: ein Verhältnis zur externen Realität, das geradezu als nicht menschlich charakterisiert werden sollte, nämlich als rein und interpretationsfrei und daher für uns zu hoch und unerreichbar (ich glaube, wir beziehen uns als einen moralischen Imperativ darauf mit Wendungen wie »mach dir nichts vor« und »sieh der Realität ins Auge«); und andererseits eine alarmierende Situation, in der man sich einer verbundenen, gemeinsamen Realität nur äußerst wenig bewusst ist und die Menschen voneinander getrennt sind, weil sie sich reinem Wunschdenken hingeben und die Geschichten über ihr Leben erzählen, die am bequemsten für sie sind.

Was dabei fehlt, ist ein Sinn für uns als Lebewesen in der Welt – diese Beschreibung klingt so, als existierten wir entweder nur in unserer Vorstellung oder gewissermaßen überhaupt nicht. Die äußere und die innere Erfahrung sind im Widerstreit, nicht in Beziehung miteinander.

Die Vorstellung von einer reinen, externen Realität – von einem Ort, an dem ein Ereignis stattfindet und ein Ereignis nur in und aus sich selbst ist – kann ich nicht anders als intuitiv auf eine gezwungene und völlig abstrakte Weise erfassen. Ich kann nur weiterhin meine eigene Erfahrung zugrunde legen – was gibt es denn sonst? –, aus der folgt, dass Erfahrung einzig und allein eine Sache der Perspektive ist, ob individuell oder ge-

meinsam. Ich meine damit, dass sie im Geist von Lebewesen stattfindet. Aber wenn Erfahrung im Geist von Lebewesen verankert ist, dann sind Lebewesen wiederum fest
in unserer gemeinsamen Welt verankert – der Welt von
Felsen und Bäumen und Flüssen und Beton und Autos
und anderen Menschen. Was ich sage, ist somit auf keine
Weise eine Leugnung gemeinsamer Erfahrung, was man
als Realität oder gesunden Menschenverstand bezeichnet, sondern eher eine ziemlich schlichte Beobachtung im
Hinblick auf den Ort unseres Wissens. Es ist ein Plädoyer
für die Verwurzelung in unserer Existenz als subjektive
Wesen in der Welt.

Künstler – Sänger, Maler, Schriftsteller – waren es, die
mich am meisten mit einem Gespür für das subjektive
und intersubjektive Wesen der Erfahrung erfüllt haben;
die zu mir davon sprechen, wie wir nicht anders können,
als wir selbst zu sein, wenn wir nur das Selbstvertrauen
dazu finden könnten; und wie wir nicht anders können,
als von anderen beeinflusst zu werden, von denen, die
vor uns waren, und denen, die mit uns leben – auf eine
Weise, die wir erst allmählich erfassen können.

Die Kunst, die ich liebe, scheint mir Folgendes zu sagen: »Sieh, was um dich herum geschieht – in all dem
Reichtum und der Detailliertheit und Farbigkeit, in der
Schönheit und Hässlichkeit; hör nicht auf zu schauen und
darüber nachzudenken, was du siehst; aber vergiss auch
nicht, dass du die Schauende bist, dass du eine Position
und einen Standort hast, von wo aus du schaust – und

dasselbe gilt für andere Menschen. Bewohne diesen Ort zur Gänze.«

Diese letztere Einladung, die Einladung, seine Perspektive einzunehmen – sie trotz all ihrer Schwierigkeit und Komplexität auf möglichst achtsame Weise zu verstehen und zu besitzen – scheint mir von zentraler Bedeutung für die Praxis der postmodernen Psychoanalyse des 21. Jahrhunderts zu sein. Der springende Punkt ist hier, dass wir alle eine Perspektive haben – die natürlich nicht statisch ist, sondern sich ändert und entwickelt – und dass wir uns entscheiden können, ihr bei den Geschichten, die wir uns über unser Leben erzählen, mehr oder weniger treu zu sein. Wir können nicht einfach auf die selbstbestimmte Art und Weise, die Sie beschreiben, eine Perspektive durch eine andere ersetzen; oder wenn wir es tun, hat das einen beträchtlichen Preis.

Ich erinnere mich an einen Mann, der an einem Kindheitstrauma litt, in diesem Fall war es das Verlassenwerden von einem Elternteil, und der zum großen Teil damit fertigwurde, indem er die unangenehme Erfahrung aus dem Gedächtnis tilgte. Auf einer Ebene wusste er, was ihm zugestoßen war, weil er sich auf eine Lebensgeschichte festgelegt hatte, die das Trauma einschloss und die schlüssig war, wenn auch beschränkt in Tiefe und Umfang. Doch er kämpfte weiter mit dem Trauma als einer emotionalen Erfahrung, in Bezug auf seine volle Auswirkung auf ihn und das Ausmaß, in dem es ihn auf verschiedenen Stufen seiner Entwicklung beeinträchtigt hatte. Das

Verlassenwerden konnte er als Kind nicht verarbeiten, und die von ihm gefundene Möglichkeit, sich über seine Erfahrung hinwegzusetzen, schien offenbar zu funktionieren – sozusagen das Kunststück zu vollbringen. Erst später merkte er, dass er in der Gewalt des **Wiederholungszwangs** war und unbewusst immer wieder die innere psychische Situation zu reparieren versuchte, was ihm allerdings nicht gelang. Er suchte überall nach Liebe und Anerkennung, konnte das Gesuchte aber nicht finden, weil die Gefühle des Verlassenwerdens und der Vernachlässigung aus der Kindheit nicht bewusst zugegeben werden konnten. Kurz gesagt, wusste er eigentlich nicht, wonach er suchte. Das ist keine Freiheit – die Freiheit, sozusagen eine bevorzugte Version seines Lebens vom Baum zu pflücken –, sondern das Gegenteil.

Die von der Psychoanalyse angebotene Freiheit ist die Hilfe eines bereitwilligen und erfahrenen anderen bei der Erforschung und Entwicklung der eigenen Perspektive, ohne Hemmung und Beschränkung, soweit das möglich ist. Mir erscheint das als wahrhafte, wenn auch manchmal Angst machende, Freiheit. Doch es gibt ein Paradox, das darin besteht, dass man, wenn man diese Freiheit annimmt, Aspekte seiner Erfahrung, seiner selbst entdeckt, denen man nicht entfliehen kann – wie sehr man es sich auch wünscht.

DREI

Stimmt es, dass Erinnerungen – neurologische Spuren früherer Erfahrungen – unveränderlich sind? Steht es uns nicht frei, Erinnerungen, die uns quälen, gegen erfundene Erinnerungen auszutauschen, die uns ein gutes Gefühl verschaffen? Wenn wir etwas gegen Menschen einwenden, die ihre Vergangenheit erfinden, sind dann unsere Einwände nicht einfach rein ethischer Art? Die klassische Psychoanalyse und ihre Behauptung, dass wir unbequeme Erinnerungen nicht nach Belieben unterdrücken können. Das Beispiel böser Taten: Müssen die Bemühungen des Übeltäters, sie aus dem Gedächtnis zu löschen, zum Scheitern verurteilt sein? Gründet sich eine solche Behauptung nicht auf den Glauben an die grundsätzliche Gerechtigkeit des Universums?

Wie das Gedächtnis in der psychologischen Theorie behandelt wird. Das prozedurale Gedächtnis gegenüber dem episodischen Gedächtnis. Die Erfahrung, einem Gedächtnis Kontur zu verleihen. Die Dilemmata realer Patienten, die therapeutische Hilfe in Anspruch nehmen: Schwierigkeiten, ihre Lebensgeschichte verständlich zu machen; ein fragmentiertes Selbstgefühl; Unfähigkeit, Gefühl und Gedächtnis zusammenzubringen. Die psy-

choanalytische Theorie und ihre nuancierte Behandlung von
Abwehrstrategien (Spaltung, Projektion, Verdrängung). Ver-
drängung im Dienst der Entwicklung der Psyche im Gegensatz
zur Verdrängung, die Entwicklung behindert.

JMC – Die psychologische Theorie dessen, was ich Erinne-
rungsspuren nenne, hat einen Aspekt, der mir noch Kopf-
zerbrechen bereitet, und dieser Aspekt könnte sich als
zentral für die Unterscheidung des realen Lebens vom
fiktionalen Leben und realer Personen von Personen in
Büchern herausstellen.

In der Sache Realität gegenüber Phantasie interpretieren Sie mich falsch, wie ich glaube. Die von mir vorge-
schlagenen Pole sind nicht (a) eine interpretationsfreie
Realität außerhalb unseres Horizontes (was ich Noumena,
die Welt der Dinge an sich, nennen würde) und (b) eine
bewusst selbstgeschaffene Realität, die man auch Phantasie nennen könnte. Der eine Pol ist allerdings die Phantasie; doch der andere ist ein Begreifen seiner Selbst als
unveränderlich festgelegt, weil die Geschichte, aus der
man entstand (die Erinnerungen, die die Vergangenheit
eines Menschen ausmachen), unveränderlich ist, sich der
eigenen Kontrolle entzieht.

Ich verstehe immer noch nicht – und zwar auf einer em-
pirisch-psychologischen Ebene, selbst auf einer neuro-
logischen –, warum diese Erinnerungen unveränderlich

sein sollten – warum es nicht möglich sein sollte, sie zu revidieren, ihnen eine andere Wendung zu geben, sogar bis zum Extrem, dass sie ausgelöscht und durch wünschenswertere Erinnerungen ersetzt werden.

In der Tat halte ich mein Problem für so elementar: Warum kann ich nicht einen neuen Komplex von Erinnerungen installieren, die mir besser passen als die alten? Oder anders ausgedrückt: Selbst wenn ich akzeptieren muss, dass der Versuch, einen neuen Komplex von Erinnerungen – eine neue Vergangenheit – zu installieren, in der Praxis nicht funktioniert, warum kann es nicht funktionieren?

Ich stelle diese Frage, weil mir das Beispiel einfällt, wie Erwachsene Kindern ständig Erinnerungen aufdrängen: »Erinnerst du dich nicht daran, wie …« Ich scheue mich normalerweise, mich selbst als Beispiel anzubringen, aber lassen Sie mich dennoch feststellen, dass ich keine Erinnerungen aus der Zeit vor ungefähr meinem vierten Lebensjahr habe, die mir nicht von meiner Mutter bestätigt, wenn nicht sogar tatsächlich eingepflanzt wurden, entweder durch ihre Worte oder durch ein von ihr interpretiertes Foto. »Erinnerst du dich nicht? Das war dein dritter Geburtstag. Damals wohnten wir in diesem hässlichen Haus in Warrenton, wo es immer so heiß war und die Moskitos die ganze Nacht herumsummten.«

Ich habe eine Narbe auf dem rechten Oberschenkel. Die Narbe ist da, also muss sie eine Ursache haben. Doch meine einzige Erinnerung an das, was geschah, wurde von meiner Mutter geliefert, die mir von einem Unfall erzählte, der sich 1942 ereignete. Die Wunde musste mit drei, vier oder fünf Stichen genäht werden. »Und du warst so tapfer. Du hast nicht geweint.« Ich wurde also zum kleinen Jungen, der nicht weint. Ein Beispiel dafür, wie eingepflanzte Erinnerungen die Macht haben können, bis weit in die Zukunft zu wirken.

Auf meine Frage zum Widerstand der Erinnerung dagegen, gelöscht oder überschrieben zu werden, muss es eine Standard-Antwort geben, weil das eine so offensichtliche Frage ist. Doch selbst ohne diese Standard-Antwort zu kennen, weiß ich schon im Voraus, dass ich sie ablehnen werde. Mein Gespür dafür, dass die Erinnerung formbar ist, ist einfach zu stark.

Ich bin noch nicht zu Ihrem Hauptargument vorgedrungen, das mit einem Gebot zu tun hat (zum Beispiel dem Gebot, seine eigene Perspektive einzunehmen). Ich meine eine gewisse ethische Kraft hinter diesem Gebot zu entdecken, obwohl Sie sagen, dass es mit dem gesunden Menschenverstand gerechtfertigt werden kann: Wenn man sich für eine Phantasie-Perspektive entscheidet, wird man früher oder später einen Preis in der Realität dafür zahlen müssen.

Und ich gebe zu, dass viele der großen Romanautoren in dieser Beziehung hinter Ihnen stehen. Emma Bovary versucht, ein Phantasie-Leben auszuleben (versucht, wie die Heldin in einem der Liebesromane, die sie als Jugendliche verschlingt, zu leben), doch die Welt gestattet das nicht.

Aber wie sieht es aus, wenn man in viel bescheidenerem Stil vorgeht als Emma? Wenn man sich eine Phantasie-Vergangenheit ausdenkt, die einen nicht in Konflikt mit der Welt bringt, sondern das eigene Leben nur interessanter erscheinen lässt und einen deshalb vielleicht glücklicher macht? Sie können doch gewiss nicht leugnen, dass es in der Realität solche Menschen gibt, denen die ihnen zugeteilte Vergangenheit nicht gefällt und die sie durch eine bessere ersetzt haben?

Ich gebe zu, auch ich neige dazu, diese Vorgehensweise für »falsch« zu halten. In dieser Hinsicht gehöre ich zur Schule Flauberts. Doch es fiele mir schwer zu sagen, warum sie falsch ist.

Wie Sie sehen, stecke ich noch immer fest.

◆◆◆

AK – Ich bin mit Ihnen einer Meinung, dass die Erinnerung formbar ist. Ja, je länger ich darüber nachdenke, desto mehr erscheint mir Formbarkeit dem Erinnerungsprozess immanent zu sein.

Ich frage mich, was ist das Gedächtnis? Was ist es, und wozu dient es? Der Begriff bezieht sich auf verschiedene Methoden der Kodierung oder Darstellung von Erfahrung (es gibt zum Beispiel ein verbales Gedächtnis, ein visuelles und ein sensorisches Gedächtnis) zum Zweck des Lernens und der Entwicklung im Laufe des Lebens. Im Grunde müssen wir uns alle erinnern, damit wir die grundlegenden Verhaltensmuster beherrschen, und wir benutzen das Gedächtnis unser ganzes Leben hindurch, um über Erfahrungen nachzudenken, damit wir aus ihnen lernen. Unter diesem Gesichtspunkt ist der Drang, unsere Lebensgeschichte festzuschreiben, vielleicht ein Aspekt eines weitgehend anpassungsbereiten Antriebs, die Lehren der Vergangenheit zu rekapitulieren und uns damit indirekte Instruktionen für die Gegenwart zu holen.

Die psychologische Literatur identifiziert zwei Hauptsysteme des Gedächtnisses: das prozedurale Gedächtnis, das nicht-verbal ist und motorische Prozesse wie Laufen, Klettern, Fahren und so weiter ermöglicht; und das episodische Gedächtnis, das sich auf die Fähigkeit bezieht, Erfahrung in verbalen, und spezifischer, in narrativen Begriffen zu kodieren – die Art Gedächtnis, auf die wir uns stützen, um uns und anderen davon zu berichten, was geschehen ist. Das episodische Gedächtnis ist von Sprache abhängig, und man glaubt daher nicht, dass es vor dem Alter von ungefähr vier Jahren existiert, was Ihre Erfahrung voll und ganz bestätigt, während das prozedurale Gedächtnis von Lebensbeginn an arbeitet.

Zur Zeit verfasse ich jede Woche ausführliche Notizen über Therapiesitzungen, oft vier bis fünf Seiten lang, um sie mit einem Angehörigen der Klinikleitung zu besprechen. Wenn ich mich unmittelbar nach einer Sitzung, und noch bevor irgendeine Verarbeitung stattgefunden hat, ans Aufschreiben mache, habe ich das Gefühl, mich an nichts erinnern zu können, weil das Rohmaterial von der

Sitzung so formlos ist. Wenn ich dann ein paar Stunden später zu dem Aufgeschriebenen zurückkehre, hat mein Geist aus eigenem Antrieb angefangen, den Interaktionen eine Form aufzudrängen, was das Verfassen eines Sitzungsberichts erleichtert. Ich bin mir oft bewusst, dass ich gewissen Aspekten der Erfahrung, die mir interessant oder relevant erscheinen, gegenüber anderen Gedanken über den Fall eine zwangsläufig selektive Aufmerksamkeit widme. Einige Aspekte der Sitzung werden ausgemustert, anderen wird durch ihre Repräsentation im Bericht besonderes Gewicht oder besondere Bedeutung gegeben. Ich bemerke, wie schwer es fallen kann, sich an einen speziellen Teil der Sitzung zu erinnern, oder wie unsicher ich in Bezug auf die Reihenfolge bin. Ich ertappe mein Gehirn auch dabei, dass es mir Streiche spielt und seine eigene halberfundene Vorstellung vom Geschehen entwickelt, was vermutlich von einer zugrundeliegenden Vorstellung einer Handlung oder Erzählung in Bezug auf die Begegnung beeinflusst ist.

Mir scheint, dass Erinnerung gerade in solchem kleinteiligen Gestalten und Bearbeiten von Erfahrungen stattfindet.

Was nun Ihr Anliegen betrifft, so ist es vielleicht hilfreich, sich dieses Bearbeiten von Erinnerungen graduell vorzustellen – das Ausmaß der Verzerrung von Erfahrungen; die emotionale Relevanz, wenn man zum Beispiel unterscheidet zwischen einem Bericht über eine Episode, der ein bedeutsames Ereignis auslässt, und

38

einem Bericht, der weniger wichtige Dinge auslässt oder Gefühle ausklammert; und auch die Selbsterkenntnis – in welchem Maße das Subjekt sich dieser Prozesse bewusst ist.

Aber ich gelange zu der Auffassung, dass, wenn Menschen in ihrer Not psychotherapeutische Hilfe suchen, gewöhnlich der allgemeine Zusammenhang von Gedächtnissystemen und begleitendem Ichgefühl verlorengegangen ist – das Zusammenspiel der verschiedenen Teile, wenn man will. Im Sprechzimmer erleben wir Menschen, die Dinge über sich mitteilen, oft unbewusst, die mit der Geschichte, die sie bewusst erzählen, nicht im Einklang sind. Es ist, als gebe es ein Missverhältnis zwischen dem frühen nicht-verbalen Gedächtnis, vielleicht einem Aspekt des prozeduralen Gedächtnisses, und dem episodischen oder narrativen Gedächtnissystem. Es kommt eine Frau, deren Geschichte davon handelt, wie kompetent und fähig sie ist, und ihr ist das wiederholte Scheitern ihrer Beziehungen völlig unerklärlich. Aber sie wirkt auf gewisse Weise so verletzlich und jung (viel jünger, als sie tatsächlich ist), und bei intimen Beziehungen ist sie so bedürftig und fordernd, dass sie die Menschen am Ende forttreibt. Ein Mann stellt sich als von Frauen umschwärmt vor und prahlt mit seinen Fähigkeiten als Verführer, aber Gefühl zeigt er einzig und allein, als er von seinem Vater spricht, und er sucht deutlich enge Freundschaft bei Männern, erhält aber nicht die erwünschte Intimität. Und so weiter …

Natürlich sind wir alle mehr oder weniger uneins mit uns und mit anderen – doch das Gefühl der Beziehungslosigkeit ist bei diesen Menschen extrem, wenigstens wenn es so weit ist, dass sie Hilfe suchen. Und das Problem hier scheint wirklich eher eins der Angemessenheit als der Genauigkeit der Erinnerung zu sein, zumindest für den Zweck, menschliches Leiden zu verstehen.

♦♦♦

JMC – Ihr Bericht darüber, was vor sich geht, wenn Sie nach einer therapeutischen Sitzung Ihre Notizen machen, ist faszinierend. Hat man dieser Phase der Beziehung zwischen Patienten und Therapeuten schon einmal Aufmerksamkeit geschenkt – einer Phase, in der der Patient abwesend ist und der Therapeut sich allein bemüht, das Geschehen während der Zusammenkunft wahrheitsgemäß wiederzugeben, und dabei versucht, Störungen (im Sinn von Radiowellen) durch Kräfte aus dem eigenen Leben des Therapeuten auszuschließen?

Ich glaube in der Tat, dass ich erkenne, wie abstrakt meine Szenarien im Vergleich mit den aktuellen therapeutischen Situationen sind, die Sie erleben, wo es ein sofort auffallendes Auseinanderklaffen gibt zwischen den Worten des Patienten und den Anhaltspunkten, die nicht nur durch seine Geschichte geliefert werden, sondern auch durch das Drama, das sein physischer Körper vor Ihren Augen aufführt. Lassen Sie mich trotzdem fortfahren.

Was mich weiter mit Unbehagen erfüllt, ist die Auffassung eines Ichs, das auf der Grundlage von Erinnerungen konstruiert wurde, die man falsch (erfunden) nennen kann, nur dass ihre Falschheit unbestimmbar ist, weil die »wahre« Geschichte, auf die man sich beruft, unwiederbringlich in der Vergangenheit verloren ist, und auch weil die Person, die diese (vielleicht) falsche Vergangenheit erfunden hat, glücklich mit ihr ist und keinen Grund hat, sich dem Auge eines Zweiflers von Berufs wegen (zum Beispiel eines Psychoanalytikers) zu präsentieren, dessen Geschäft es sein könnte, sie zu untergraben.

Hier kommen wir zur klassischen Theorie der Verdrängung, mit der ich lediglich durch Freud vertraut bin; wenn sich die Theorie also weiterentwickelt hat, korrigieren Sie mich bitte.

Die klassische Theorie, wie ich sie verstehe, behauptet, dass Verdrängung nicht erfolgreich sein kann: Was auch immer hier verdrängt wird, zeigt sich dort, obwohl vielleicht in solch getarnter Gestalt, dass nur ein ausgebildeter Spezialist es zurück zu seinen Wurzeln verfolgen kann. (Gleichzeitig ist Verdrängung notwendig, sagt Freud: Verdrängung ist die Grundlage der Zivilisation; sie unterscheidet den Menschen von den Tieren.)

Die Behauptung, dass Verdrängung nicht erfolgreich sein kann – und dass wir demzufolge nicht frei sind, unsere eigene Vergangenheit zu erschaffen –, scheint mir letztlich auf dem Glauben an die Gerechtigkeit des Universums zu beruhen. Was wir mit der Verdrängung dessen, an das wir uns nicht erinnern wollen, gewinnen, dafür müssen wir durch die untergründige Vergiftung anderer Aspekte unseres Lebens bezahlen.

Doch es gibt offenbar viel zu viele Anhaltspunkte dafür, dass ein solcher Glaube unbegründet ist. Um ein extremes Beispiel zu liefern, gewisse Menschen, die böse Taten begangen haben – Folter, Mord –, scheinen in der Lage zu sein, sich Lebensgeschichten (Erinnerungen) aus ausgewählten Fragmenten der Realität zusammenzubauen (die langen Stunden, die sie arbeiten mussten, die Dankbarkeit ihrer Vorgesetzten, die Beförderungen und Medaillen, die sie erhielten) und mit solchen Erinnerungen und durch sie zu leben und all das Hässliche zu verdrängen.

Die klassische Theorie behauptet, zumindest in ihrer volkstümlichen Version, dass solche Menschen unglückliche Beziehungen zu ihren Frauen und Kindern haben. Sie behauptet, dass sie unter Albträumen leiden. Sie behauptet, dass sie insgeheim von den Schreien ihrer Opfer verfolgt werden – von dem, was sie von ihrer »wahren« Vergangenheit vergeblich zu verdrängen versuchen.

Und in der Tat, wenn man einen Folterer vor Gericht stellt oder wenn man ihn zwingt, sich einer psychischen Rehabilitation zu unterziehen, kann er wirklich anfangen, sich diese »verdrängten« Schreie in Erinnerung zu rufen. Wenn das Gedächtnis in der einen Richtung zu beeinflussen ist, dann ist es gewiss auch in die andere Richtung zu beeinflussen. Wenn Erinnerungen, in denen Schreie nicht vorhanden sind, als fragwürdig betrachtet werden, warum sollten Erinnerungen, die Schreie beinhalten, weniger fragwürdig sein? Es geht nicht darum, ob es irgendwo ein weinendes Kind gibt; es geht darum, ob die Erinnerung an das weinende Kind wahr und wahrhaft empfunden ist.

Was mich in eine schwierige Lage bringt, wie es auch Freud meiner Meinung nach in eine solche gebracht haben sollte. Es liegt in der Natur der Sache, dass der Analytiker nicht oft glückliche Menschen zu sehen bekommt. Die Berichte der Psychoanalyse handeln einseitig von Menschen, die (in meiner Interpretation) zu verdrängen versucht haben, was aber nicht funktioniert hat. Nicht der seltene, extreme Fall des Folterers beunruhigt mich, sondern der viel häufigere Fall von Menschen, für die Verdrängung – die wir an diesem Punkt wieder Vergesslichkeit nennen können – funktioniert hat, und tatsächlich zur Grundlage eines glücklichen und erfolgreichen Lebens geworden ist.

◆◆◆

AK – Das Prinzip hinter dem, was Sie beschreiben, hat nichts mit Gerechtigkeit zu tun, weil diejenigen, die ohne eigenes Verschulden an einem Trauma leiden, sich genauso gut gezwungen sehen können, ihre Vergangenheit zu bewältigen, wie jene, die es anderen zufügen. Wenn man es auf eine moralische Position erhöht, ist es eher ein

43

Prinzip der Demut vor emotionaler und unbewusster Erfahrung.

Man muss unbedingt unterscheiden zwischen Verdrängung, die zum Schutz der Psyche geschieht und damit einem Entwicklungszweck dient, und Verdrängung, die als Entwicklungsbehinderung funktioniert und ihrem Charakter nach eher defensiv als schützend ist. Die Erstere trägt zum Fundament eines glücklichen und erfolgreichen Lebens bei; die Letztere nicht. Wie ich es sehe, macht oft erst die Zeit den Unterschied zwischen beiden deutlich.

Meiner Ansicht nach stellt die klassische Theorie Verdrängung nicht als zum Scheitern verurteilt dar, sondern als äußerst erfolgreiche Strategie, die Psyche vor Unbehagen und Schmerz zu schützen – ein psychologisches Äquivalent zur natürlichen Narkose im biologischen Bereich. Es gibt die weitverbreitete falsche Annahme, dass die Psychoanalyse psychische Abwehrmechanismen als von Natur aus ungesund darstellt und an der Phantasie festhält, dass wir ohne Abwehrmechanismen leben sollten, wenn wir nur wüssten, wie. Doch tatsächlich enthält die psychoanalytische Literatur ausführliche Beschreibungen einer ganzen Reihe von Abwehrprozessen und -systemen, die ein recht wesentlicher Bestandteil der menschlichen Erfahrung sind. Sie alle haben ihren eigenen Entwicklungswert, indem sie die Psyche in bestimmten Phasen der Verletzlichkeit oder Bedürftigkeit schützen und auf gewisse Art und Weise Erfahrung organisieren. (Anders ausgedrückt gibt es keine schutzfreie Zone – wie wir der Subjektivität nicht entkommen können, so können wir auch nicht die Abwehrmechanismen außer Kraft setzen, die die Wahrnehmung und die Perspektive einschränken und schützen.)

Probleme entstehen, wenn Abwehrmechanismen zu häufig benutzt und missbraucht werden. So ist **Spaltung**, das Einteilen der Welt und des Ichs, das diese Welt wahrnimmt, nach verschiedenen Eigenschaften – gut und böse, freundlich und feindlich und so weiter –, eine effektive Methode, die Wahrnehmung von frühesten Lebensetappen an zu strukturieren. Sie funktioniert gut in Drucksituationen, die Handeln erfordern, wie Wettkampfsport oder Krieg. Aber sie schafft Probleme, wenn sie intime Beziehungen beherrscht. **Projektive Identifizierung,** das Unterfangen, sich gedanklich in eine andere Person hineinzuversetzen und sich mit ihr zu identifizieren, ist die Grundlage jeglichen menschlichen Mitgefühls. Aber es schafft ein Gefühl der psychologischen Verarmung und eine nicht unbeträchtliche emotionale Konfusion, wenn eine Person auf starre und unumkehrbare Weise projiziert. Die Verdrängung libidinöser Gefühle gegenüber den Eltern ist ein notwendiger Bestandteil der pubertären Entwicklung. Sie schafft den Raum für Jugendliche, sich von der Familie zu lösen und als junge Erwachsene bedeutsame Beziehungen einzugehen. Aber Probleme ergeben sich, wenn die Verdrängung von liebevollen Gefühlen zur festen Gewohnheit wird.

Bringt das weiter?

VIER

König Ödipus *als eine Geschichte mit der Moral, dass die Vergangenheit nicht begraben werden kann. Warum eine Geschichte mit der entgegengesetzten Moral nicht möglich zu sein scheint.* Dostojewskijs Kritik *(in* Böse Geister*) an Behauptungen, dass vollständige Selbsterkenntnis möglich ist.* Der scharlachrote Buchstabe *als Geschichte einer Frau, die die Konsequenzen ihrer Handlungen akzeptiert, doch privat der Gesellschaft das Recht abspricht, sie zu verurteilen. Vergleichbares Verhalten bei realen Straftätern.*

Behinderungen im realen Leben, unsere Vergangenheit auszulöschen. Der scharlachrote Buchstabe *als exemplarische Geschichte über das Annehmen, nicht das Auslöschen, einer beschämenden Vergangenheit. Dostojewskijs christliches Verständnis des Motivs für Raskolnikows Geständnis in* Verbrechen und Strafe. *Freuds Neuinterpretation dieses Motivs. Wie man in der klinischen Praxis ein echtes von einem selbstdienlichen Bekenntnis unterscheidet. Melanie Kleins Gedanken über Schuld und Wiedergutmachung.*

JMC – Lassen Sie mich erklären, warum ich behaupte, die Überzeugung, dass wir unsere eigene Vergangenheit nicht nach Belieben erfinden können, muss sich auf den Glauben an die Gerechtigkeit des Universums stützen.

Eine der grundlegenden Plots für Erzählungen hat folgende Form: Ein Mann (es ist gewöhnlich ein Mann) begeht in seiner Jugend eine schändliche Tat, vielleicht sogar ein Verbrechen. Er flieht, verwischt seine Spuren, nimmt einen neuen Namen an, schafft für sich ein neues Leben an irgendeinem fernen Ort. Es vergehen Jahre. Er heiratet und hat Kinder; er wird zu einer Stütze der neuen Gemeinschaft. Allmählich gestattet er sich den Gedanken, dass sein Geheimnis sicher ist, dass er seiner Vergangenheit entkommen ist. Dann kommt eines Tages ein Fremder in die Stadt und fängt an, neugierige Fragen zu stellen. Unerbittlich wird das Geheimnis des Mannes Schritt für Schritt aufgedeckt. Er gerät in Schande; er ist ruiniert. Viele Romane bauen auf einem solchen Plot auf (man denke an Thomas Hardy). Sie zu lesen ist eine interessante Erfahrung. Soweit wir uns mit dem Helden identifizieren, möchten wir nicht, dass sein Geheimnis ans Licht kommt – wir wollen nicht, dass die Wahrheit offenbar wird. In dieser Hinsicht sind solche Romane das Gegenteil des Kriminalromans, bei dem wir uns nicht mit dem Mann mit der verborgenen Vergangenheit, sondern mit dem neugierigen Eindringling identifizieren. (*König Ödipus* vereint die beiden Formen: Ödipus ist sowohl der Mann mit der verborgenen Vergangenheit als auch der Detektiv.)

Ich komme zur Sache. Die Erzählung handelt von der Vergeblichkeit des Versuchs, seiner Vergangenheit zu entkommen, des Versuchs, sich neu zu erfinden. Die Vergangenheit (das vergangene Ich) weigert sich, begraben zu bleiben.

In der als Allegorie psychischer Prozesse gelesenen Erzählung vergisst das Ich (der Held) nie seine geheime Vergangenheit – er wird von ihr heimgesucht –, doch er hofft, dass er sie im Innern zurückhalten, verschlossen halten kann. Der Wille des Helden steht somit für die Triebkraft in der Psyche, die unbequeme, beschämende Erinnerungen zu unterdrücken, sie aus dem Bewusstsein herauszuhalten versucht. Das Bewusstsein selbst wird von der Gesellschaft verkörpert, von der öffentlichen Wahrnehmung.

Romane, die sich dieses Plots bedienen, enthalten eine Lehre, wie natürlich auch Kriminalromane, die die Spiegelversion dieses Plots benutzen. Die Lehre lautet, dass wir unserer Vergangenheit nicht entkommen können, dass wir uns nicht nach Belieben neu erfinden können. Solche Romane sind oft recht packend: Während wir sie lesen, wird der Versuch – der zum Scheitern verurteilte Versuch –, das Geheimnis zu bewahren, allmählich zu unserem eigenen Versuch. Warum ist das so? Vielleicht weil jeder von uns, auf die eine oder andere Weise, die Hoffnung hegt, das eigene Leben neu gestalten zu können, und nur ungern zugibt, dass wir unserer Vergangenheit nicht entrinnen können.

Stellen Sie sich nun eine Erzählung vor, die die genau entgegengesetzte Moral zu verkünden versucht: dass wir unser Leben nach Gutdünken und neu gestalten können, dass die Vergangenheit vergangen ist, dass Geheimnisse beliebig begraben und vergessen werden können. Kann es eine solche Erzählung geben, die als Erzählung funktioniert? Können wir uns eine Erzählung vorstellen, die so endet: »Und sein Geheimnis war vergessen, und er lebte glücklich bis an sein Ende«?

Insofern sie mit einem Paradox endet – das Geheimnis ist nicht wirklich verborgen, weil der Leser es ja kennt –, kann es eine solche Erzählung nicht geben, wenigstens nicht in direkter, unironischer Form. Anders ausgedrückt spricht nicht nur die moralisch-religiöse Tradition, in der wir erzogen wurden, dagegen, dass die Vergangenheit begraben werden kann, sondern auch die Tradition und vielleicht sogar die unmittelbare Form der Erzählung.

In gewissem Sinn beugen sich die großen Plot-Formen der Gerechtigkeitsvorstellung, oder sie beschwören sie. Das heißt, die Geschichte, die erzählt werden kann – die Geschichte eines Mannes, der die Vergangenheit begraben will, doch damit scheitert –, erzählt uns etwas über kosmische Gerechtigkeit; während die Geschichte, die nicht erzählt werden kann – die Geschichte vom Mann, der seine Vergangenheit begräbt und danach glücklich bis an sein Ende lebt –, nicht erzählt werden kann, weil ihr Gerechtigkeit fehlt.

Aber was ist, wenn das Geheimnis, das unzulässige Geheimnis, das Geheimnis über Geheimnisse, darin besteht, dass Geheimnisse tatsächlich begraben werden können und wir tatsächlich danach glücklich bis ans Ende unserer Tage leben können? Was, wenn die Erzählung vom Typ Ödipus genau dieses große Geheimnis verborgen zu halten versucht? Anders ausgedrückt, was, wenn unsere Kultur, vielleicht sogar die menschliche Kultur im Allgemeinen, eine Erzählform geschaffen hat, die oberflächlich betrachtet von der Unmöglichkeit, Geheimnisse zu verbergen, handelt, aber unter der Oberfläche versucht, das eine Geheimnis, das sie nicht dulden kann, zu verbergen: dass Geheimnisse begraben werden können, dass die Vergangenheit ausgelöscht werden kann, dass es keine Gerechtigkeit gibt?

Wie Sie sehen, beschäftigt mich die Frage des Geheimnisses, in Erinnerung geblieben oder vergessen, weiterhin. Ich würde gern glauben, dass das Universum gerecht ist, dass es irgendein Auge gibt, das alles sieht, dass Gesetzesverstöße letztlich nicht ungesühnt bleiben. Aber eine Stimme fragt beständig: Ist das wirklich so? Wimmelt es im alltäglichen Leben nicht von Menschen, die aus ihrem Gedächtnis getilgt haben, was ihnen unbequem ist, und denen es dennoch gutgeht?

Vor diesem Hintergrund lese ich, was Sie über Verdrängung (Vergessen) als einen Mechanismus sagen, mit dem wir uns schützen können, während wir wachsen. Was geschieht mit der Gerechtigkeit, frage ich mich, wenn wir Aspekte der Vergangenheit im Namen des persönlichen

Wachstums nach Belieben ignorieren können? An welchem Punkt wird der Einsatz von Verdrängung zugunsten persönlicher Erfüllung zur Schuld? Während meine Eltern schlafen, ersticke ich meinen Baby-Bruder in seinem Bettchen, und der Untersuchungsrichter nennt es plötzlichen Kindstod, und ab sofort dreht sich alles um mich. Vergiftet die verdrängte Erinnerung an diese Tat jeden Tag meines Lebens, bis ich sie schließlich gestehe (mich dem Gesetz unterwerfe) und büße und begnadigt werde; oder gelingt es mir im Gegenteil, das Ganze zu vergessen und ein zufriedenes, untadeliges Leben zu führen?

Erste Frage: Ist eine solche Tat, begangen von einem Dreijährigen, schuldhaft? Zweite Frage (die echte Frage): Wer soll es jemals aufdecken, wenn ich, der einzige Zeuge der Tat, meine eigene Erinnerung daran erfolgreich verdrängt habe?

Das ist Dostojewskij'sches Territorium. Wenn es keinen Gott gibt, wo ist dann der Sinn des Ganzen?

◆ ◆ ◆

AK – Es ist sicher nicht in Ordnung, immer wieder andere Menschen zu verletzen und dann nichts mehr davon wissen zu wollen. Oder anders ausgedrückt, wenn man eine Person ist, die so etwas tut, wird es die Welt mitbekommen, und Beziehungen zu anderen Menschen werden wirklich sehr schwierig. Aus psychoanalytischer Sicht geht es nicht nur darum, dass dieses Verhalten falsch ist und der Gerechtigkeit Genüge getan werden muss, damit ein gewisses Maß an Rehabilitierung erreicht werden kann. Der wichtigere Punkt ist der: Weil wir soziale Wesen sind, weil wir in Beziehung zu anderen existieren und Beziehungen mit anderen brauchen, sind Fragen des persönlichen Wohlergehens und der sozialen Moral tief und unzertrennlich verbunden – sie sind nicht immer deckungsgleich, doch sie sind verwandt.

Ich reagiere anders auf die Erzählung von dem Mann mit dem beschämenden Geheimnis, der sich zum Guten entwickelt hat. Warum identifizieren wir uns mit einer solchen Figur? Warum haben wir ihm gegenüber einen Schutzimpuls – gegenüber dem Leben, das er sich geschaffen hat, und gegenüber seinem Geheimnis? Ich glaube, zum Teil deshalb, weil wir mit dem Drang des Protagonisten zur Wiedergutmachung sympathisieren und ihn begrüßen. Wir begreifen, dass er jetzt so bemüht ist, Gutes zu tun, nicht *trotzdem*, sondern *weil* er eine schändliche Tat begangen hat; dass die schändliche Vergangenheit und die lobenswerte Gegenwart verbunden und nicht getrennt sind – Teile der Erzählung – und dass eine gewisse Aufarbeitung, wenn auch der privatesten Art, stattgefunden hat, um von einem zum anderen zu kommen. (Würde der Protagonist einfach nur versuchen, seiner Vergangenheit zu entkommen, und nicht aus ihr lernen oder sich ihr in keiner Weise stellen, würden wir uns natürlicherweise mit den Kräften identifizieren, die eine Aufklärung wollen.)

Ich möchte die Geschichte von jemandem mit einem schmachvollen Geheimnis, das in diesem Fall jedoch ein offenes Geheimnis ist, nacherzählen. Es ist die Geschichte von Hester Prynne in Hawthornes *Der scharlachrote Buchstabe*. Hester lebt im 17. Jahrhundert in einer puritanischen Siedlergemeinde Nordamerikas. Während sie darauf wartet, dass ihr Mann zu ihr gereist kommt, wird sie schwanger von einem anderen Mann, und als die Gemeinde ihre Schwangerschaft entdeckt, fordert man von ihr das Tragen eines roten Buchstabens – A für *adulteress* (Ehebrecherin) – als Zeichen ihrer Schande. Hester näht Bänder und alle möglichen hübschen Dinge auf ihren scharlachroten Buchstaben; sie schmückt und verziert ihn und verwandelt ihn so in etwas, an dem sie am Ende zu sehr hängt, um ihn zu entfernen, als man es ihr erlaubt. Sie macht aus dem Zeichen ihrer Schande etwas anderes, zum Teil Annahme dessen, was sie getan hat, zum Teil Auflehnung gegen die gesellschaftliche Reaktion auf ihre Tat (denn die Verzierung missachtet die puritanische Kleiderordnung). Aber sie verwandelt das Zeichen in etwas, das auf kreative Weise zu ihr gehört.

Der scharlachrote Buchstabe erzählt uns implizit von dem Versuch, beschämende Schwächen und Fehler zu akzeptieren – nicht nur als Individuen, sondern als eine Gemeinschaft. Ich glaube, der Roman handelt auch davon, dass wir uns die Freiheit zur Selbsterfindung nehmen können, trotz widriger Umstände – oder sollte ich sagen, aus diesen Umständen heraus. Denn Hester ist als Heldin so liebenswert, weil sie ihre Bestrafung sowohl annimmt als auch sich ihr widersetzt. Sie weicht dem nicht aus, was sie getan hat und was das für andere bedeutet, doch sie schafft daraus ihre eigene Geschichte.

Natürlich hat Freud Dostojewskij gelesen. Man kann sich schwerlich vorstellen, dass Freud das Konzept des **Über-Ichs** entwickelt hätte, ohne Dostojewkijs Studie eines Mannes zu kennen, der, als er sich gezwungen sieht, gemäß seinen ausgeprägt antireligiösen Auffassungen zu handeln, eine betagte Pfandleiherin tötet, und danach erlebt, dass er von Reue völlig überwältigt wird, ohne etwas dagegen tun zu können. Es existiert etwas in Raskolnikow, das es ihm nicht gestattet, die christlichen Vorstellungen von Gut und Böse einfach über Bord zu werfen, das sein Verbrechen registriert in einem Teil seiner selbst, der sich seiner bewussten Kontrolle entzieht. Als Dostojewskij, oder als Dostojewskij-Anhänger, meint man, die Erzählung handele von einem Teil tief in uns (der Seele), der mit einem höheren Zweck harmoniert, das einen solchen Zweck braucht und durch die Kraft dieses Bedürfnisses eine spirituelle Realität erzeugt. Als Freud, oder als Freudianer, wird man die Erzählung wahrscheinlich in dem Sinne interpretieren, dass sie von der Macht eines inneren Verbots handelt, die später in seiner Theorie als Über-Ich beschrieben wurde.

Aus dem Blickwinkel unserer Diskussion handelt die Erzählung, die zutage tritt – durch Dostojewskij, Freud,

Klein und viele andere –, von den Menschen als grundsätzlich sozialen Wesen, das heißt, Wesen, für die Beziehungen zu anderen fundamental bedeutsam sind. Für
den Dostojewskij-Anhänger ist diese Bedeutsamkeit hei-
lig, während für den Psychoanalytiker Beziehungen zu
anderen ein entscheidender Aspekt der Persönlichkeit
sind.

◆◆◆

JMC – Reuiges Geständnis hat eine lange und komplizierte
Geschichte in seinen literarischen Darstellungen. Der Teil
dieser Geschichte, der mich interessiert – und der mir als
Schriftsteller von Nutzen gewesen ist –, beginnt im England des späten siebzehnten Jahrhunderts, als Journalis-
ten sensationelle Geständnisse von zum Tode verurteilten
Verbrechern ausbeuteten, und erreicht einen Höhepunkt
in den Romanen Dostojewskijs, dem Sensationslust nicht
fremd war, der aber – da stimme ich mit Ihnen überein –
unübertroffen war in der Erforschung der komplexen
Motive, die einem Entschluss – oder einem Impuls –, sein
Herz auszuschütten, zugrunde liegen mögen. Jeder, der
am therapeutischen Prozess teilhat, sollte Dostojewskij
genau studieren.

Es existiert kein einzelner Text, der die Behandlung von
Geständnis und dessen Motiven durch Dostojewskij in
ihrer vollen Bandbreite enthält. Man muss sich nicht nur
mit *Verbrechen und Strafe* beschäftigen, sondern auch mit

Aufzeichnungen aus dem Kellerloch, *Der Idiot* und *Böse Geister*. Ich möchte das nicht zu einer langen Abhandlung über Dostojewskij werden lassen, deshalb lassen Sie mich einfach *Böse Geister* aufgreifen, speziell das berühmte unterdrückte Kapitel – unterdrückt, weil Dostojewskijs Verleger glaubte, es würde zu einem Verbot des Buches durch den Zensor führen.

In diesem Kapitel erzählt ein Grundbesitzer namens Stawrogin einem Priester, Tichon, von einer besonders abscheulichen Tat, die er begangen hat: Er hat eine Zwölf-jährige verführt und missbraucht und hat dann untätig herumgesessen, während sie sich erhängt hat. Tichons Reaktion ist ziemlich barsch. Er fragt, warum Stawrogin ihm dieses Geständnis macht, und deutet an, dass sein Motiv letztlich sein könnte, dass er als Großer Verbrecher bewundert werden will, wenn auch voller Abscheu.

Die Figur des Großen Verbrechers – modelliert nach dem Großen Napoleonischen Selfmademan – interes-sierte Dostojewskij als ein Phänomen des Zeitalters zu-tiefst. In *Verbrechen und Strafe* nimmt Raskolnikow sich ausdrücklich Napoleon zum Vorbild. Eigentlich fordert der perverse neue Große Mann Gott heraus: Ich lehne deine Gebote ab, was willst du dagegen machen? Stawro-gin ist eine selbstreflektiertere Version von Raskolnikow. Was sagt das über deinen Gott, sagt er zu Tichon, dass er mir zu tun erlaubt, was ich getan habe? Wie Stawrogin es gern sehen würde, ist das Verbrechen, das er begangen hat, kein gewöhnliches Verbrechen, sondern ein philosophisches Verbrechen, begangen im philosophischen Geist, ein Verbrechen, bei dem das Opfer, das Kind, eigentlich nur ein Spielball ist.

Diese Behauptung Stawrogins – dass die Natur eines Verbrechens umgewandelt wird, wenn der Verbrecher sich rational darüber im Klaren ist, was er tut und warum er es tut, und dass sein eigenes Geständnis keine gewöhnliche Beichte eines Sünders vor einem Priester ist, weil es als Teil eines Projekts, Gott (oder die Behauptung, das Universum sei gut) in Frage zu stellen, gesehen werden kann –, diese Behauptung wird von Tichon zurückgewiesen. Für Tichon ist Stawrogins Beteuerung, er habe die volle Selbsterkenntnis – er verstünde, warum er das Verbrechen begangen habe, er verstünde, warum er es bekenne, er verstünde, warum er sein Verständnis offenlege, warum er bekenne, und so weiter in unendlicher Regression –, nur eine ausgeklügelte Vernebelungstaktik, hinter der sich der banale Ehrgeiz eines jungen Müßiggängers verbirgt, auf dem kürzestmöglichen Weg eine Berühmtheit zu werden.

Tichons Stellung in dem Gespräch ist nicht exakt die eines therapeutischen Beraters (obwohl man argumentieren könnte, was Stawrogin am meisten nötig hat, sei die Schocktherapie, durchschaut zu werden). Man ordnet ihn besser als Detektiv ein, auf gleicher Ebene mit Porfirij Petrowitsch in *Verbrechen und Strafe*. In seinem Dialog mit Stawrogin – den man korrekter als Duell bezeichnen sollte – sind die entsprechenden Positionen (Stawrogins), dass totale Selbsterkenntnis möglich ist, wenn der Intellekt klar und leidenschaftslos genug ist; und (Tichons) dass das, was sich als Selbsterkenntnis präsentiert, sehr wohl eine selbstsüchtige Vernebelung dessen sein kann, was wahrscheinlich oft die einfache Wahrheit ist.

Bei dem Duell interessiert mich die Figur Tichon, als derjenige, der vom Geständniswilligen – oder vermeintlich Geständniswilligen – in die Position des Empfängers von Geständnissen gerückt wird. In *Aufzeichnungen aus dem Kellerloch*, und in vielen Romanen und Erzählungen der europäischen Literatur, die danach folgen, ist es der Leser, der in die Tichon-Position gerückt wird und der entscheiden muss, ob das, was er liest, ein »wahres« Geständnis ist oder (zum Beispiel) ein Pseudo-Geständnis, dessen nicht geäußerter Zweck es ist, beim Leser eine bessere Meinung vom Erzähler hervorzurufen. Im zwanzigsten Jahrhundert wird das Entschlüsseln der Motive hinter Sprechakten zu einem der Hauptbestandteile einer literarischen Bildung und einem ihrer hauptsächlichen Ansprüche auf gesellschaftliche Relevanz. Das Lesen eines Romans von Henry James während der Schulzeit wird gerechtfertigt als Überlebenstraining in einer Welt, in der, was Menschen sagen, nicht immer das ist, was sie meinen.

Ich bin mir nicht sicher, ob die Position à la Stawrogin immer so summarisch beiseitegeschoben werden kann, wie es Tichon tut. In einen therapeutischen Kontext übertragen interpretiere ich Stawrogin so, dass seiner Meinung nach umfassende, klare Selbsterkenntnis möglich ist, selbst wenn eine solche Selbsterkenntnis einem nicht sagt, was man mit seiner Situation anfangen soll. In ähnlicher Übertragung interpretiere ich Tichon so, dass seiner Meinung nach Schicht um Schicht der (behaupteten) Selbsterkenntnis höchstwahrscheinlich nichts anderes als eine Abwehrstrategie ist. Stawrogin legt nahe, dass die Unterhaltung ewig weitergehen kann, weil es immer noch eine weitere Ebene der Selbsterkenntnis zu erforschen gibt; Tichon weist diese Position zurück und bestätigt seinen Anspruch auf das letzte Wort: das Ende des Gesprächs, der Anfang der Reue- und Wiedergutmachungsarbeit.

Ich komme nun zu Hester Prynne, die in jeder Hinsicht vor Stawrogin kommt (*Böse Geister* wurde 1873 veröffentlicht, *Der scharlachrote Buchstabe* 1850). Die Handlung in *Der scharlachrote Buchstabe* dreht sich um ein lang hinausgezögertes öffentliches Geständnis, nämlich das Geständnis des jungen Geistlichen Arthur Dimmesdale, dass er der Vater von Hesters Kind ist. Bis dahin hat allein Hester die von den puritanischen Ältesten verhängte Strafe getragen – als Ehebrecherin gebrandmarkt zu werden und am Rand der Gesellschaft zu leben. Hester bekennt nie irgendeine strafbare Tat, sie beichtet nie. Sie bricht ihr Schweigen nicht.

Hawthorne ist ein besonders keuscher Schriftsteller, wenn man also seine Haltung gegenüber Hesters außerehelicher Liaison erkunden will, muss man eine Menge in die ein oder zwei privaten Momente hineinlesen, wenn Hester ihre puritanische Kopfbedeckung abnimmt und ihr dichtes, schönes Haar befreit. Diese Momente verleihen Hester eine für Hawthornes Maßstäbe ungewöhnlich starke sexuelle Ausstrahlung, viel mehr, als der blasse Dimmesdale zu bieten hat (Hester ist natürlich eine Frau mit Erfahrung, als die Liaison stattfindet, während Dimmesdale ein Neuling ist, vermutet man).

Was immer von den Gedanken der Figur namens Hester über ihren Gesetzesverstoß berichtet wird, was Hawthorne offenbar durch seine Gestaltung ihrer Körperlichkeit sagt, ist, dass an einer Gesellschaft, die eine solche Frau unterdrückt, etwas falsch sein muss. Hester fragt vielleicht nicht offen: »Was war denn mein Verbrechen?«, doch Hawthornes Roman stellt diese Frage ganz gewiss.

Wenn wir den Roman auf diese Weise lesen, können wir nicht anders, als das Urteil, das die Gesellschaft über Hester gesprochen hat, zurückzuweisen. Die Hester unserer Lektüre akzeptiert die Lebensgeschichte nicht, die ihr von den Mächtigen der Siedlung aufgezwungen wird, eine Geschichte, die in dem Buchstaben A eingefangen ist. Sie hat eine andere Geschichte, die sie in ihrer Brust verschlossen hält. Das macht sie zu einer ständigen Ironikerin: Nach außen scheint sie sich durch die Präsentation des scharlachroten Buchstabens zu etwas zu bekennen, nämlich zum Ehebruch. Doch der Buchstabe ist kryptisch: Wofür er wirklich stehen könnte, ist »Able« (»Talentiert«, wie der Erzähler spielerisch mutmaßt) oder vielleicht sogar für einen Kommentar zu ihren Richtern, so beißend, dass er nicht aufgeschrieben werden kann.

Ich sehe es so, dass Hester sich ihrer Bestrafung beugt (die Alternative dazu wäre die Verbannung aus der Siedlung gewesen), während sie privat das Urteil über sich zurückweist. Anders ausgedrückt sehe ich Hesters nicht in Worte gefasste Haltung zum Verbot sexueller Aktivität ihrerseits als die einer freidenkerischen Amerikanerin der 1840er Jahre, eine Frau von der Art, wie Hawthorne sie auf Brook Farm traf: *Wir haben vielleicht nicht die Macht zum Widerstand, doch wir akzeptieren die moralische Basis der männlichen Macht über uns nicht.*

Die Gefängnisse sind voll von Menschen, die, in einer wesentlichen Hinsicht, Hester gleichen: Sie akzeptieren offenbar ihre Bestrafung und benehmen sich in jeder Weise wie vorbildliche Häftlinge, die sich auf dem Weg zur Rehabilitierung befinden, doch in Wirklichkeit sind sie geheime Ironiker, die die Rechtmäßigkeit des Gesetzes, nach dem sie verurteilt wurden, und die Richter, die das Urteil gefällt haben, ablehnen. Zu sich und ihren engsten Freunden sagen sie: »Wer die Gesetze verfasst und sie anwendet, ist eine Frage der Macht, nicht der Gerechtigkeit. Nach ihren Maßstäben bin ich ein Verbrecher; nach meinen Maßstäben habe ich mir nur genommen, was mir zusteht, (oder habe meine Rechte als freier Mensch wahrgenommen).«

Dass sie sich innerlich weigern, ihre Schuld anzuerkennen, und sich privat als Opfer von Ungerechtigkeit sehen, verschafft solchen Menschen ein mächtiges Gefühl der Rechtschaffenheit. Was sie getan haben, ist genau gesagt, die Kontrolle über ihre Lebensgeschichte zu übernehmen, selbst wenn für einen Außenstehenden wie Tichon die Geschichte, die sie sich selbst erzählen, wie eine eigennützige Lüge aussehen mag.

Ich finde nicht, dass solche Menschen, die sich selbst belügen mögen, doch deren Lügen unzweifelhaft dazu dienen, sie zu stärken, indem sie ihnen das Gefühl geben, die Richtung zu kennen und die Kontrolle über ihr Leben zu haben, sich im Wesen von den Mördern und Folterern unterscheiden, von denen ich vorher gesprochen habe, Menschen, die sich eine Geschichte zu erzählen haben (Patriotismus, Notwendigkeit, der Kampf gegen das Böse), die alle ihre Taten rechtfertigt.

(Deshalb halte ich übrigens das Patentrezept, dass jeder von uns eine Lebensgeschichte hat, und wir uns bemühen sollten, der Autor dieser Lebensgeschichte zu werden, statt anderen zu gestatten, sie uns oder für uns zu erzählen, für moralisch fragwürdig. Die Geschichte, die die puritanischen Ältesten Hester Prynne anhängen – üble Taten bei Nacht –, ist nicht unbedingt die wahre Geschichte; und die Geschichte, die Hester – die Hester von Brook Farm – sich selbst erzählt, ist nicht unbedingt die wahre Geschichte – »Ich habe es aus Leidenschaft getan«. Aber beides, (a) die Vorstellung, dass wir frei zwischen den beiden Geschichten wählen können, wie es uns passt, oder eine neue erfinden können, da es so etwas wie Wahrheit nicht gibt, nur Wahrheit-für-dich und Wahrheit-für-mich; und (b) die Vorstellung, dass Hesters Geschichte eine gute Geschichte sein muss, einfach weil sie Hesters Geschichte ist, erscheint mir äußerst fragwürdig.)

◆ ◆ ◆

AK – Wie interessant! Und Dostojewskijs Skepsis gegenüber dem zwanghaften Wahrheitssagen könnte heute, wo die Zeitschriften übervoll sind mit Geschichten von Prominenten, die ihr Herz ausschütten, nicht aktueller sein. Sie liefern sich einen Wettbewerb darum, wer die als wahrste, privateste, authentischste und persönlichste (und oft als sensationellste) angepriesene Geschichte erzählen kann; und der Leser ist eingeladen, die Rolle des privilegierten Vertrauten der Reichen und Berühmten zu übernehmen.

Was können wir von Ihrer Dostojewskij-Interpretation in die therapeutische Situation übernehmen? Möglicherweise vieles, aber zunächst einmal können wir die Beobachtung übernehmen, dass ein Mensch alle Einsicht der Welt haben kann, aber es vorzieht, nicht danach zu handeln. Oder des Weiteren, wie Tichon es bei Stawrogin vermutet, dass Einsicht benutzt (oder missbraucht) werden kann, um die Tatsache, dass ebendieses geschieht, zu verdecken – um dem Therapeuten oder Therapeuten-

Beichtvater den sprichwörtlichen Sand in die Augen zu streuen. Ich habe selbstverständlich Patienten erlebt, deren scheinbare Selbsterkenntnis auf solche Weise sehr in die Irre führt – sie selbst genauso wie die ihnen Nahestehenden.

Doch mich interessiert, was wahrer Reue oder wahrer Beurteilung seiner selbst zugrunde liegt oder wodurch sie hervorgerufen wird, nicht so sehr die vorgetäuschte oder zynische Variante, da es die Aufgabe des Therapeuten ist, das eine vom anderen zu unterscheiden und echtes Verständnis statt der vorgetäuschten Version zu fördern, und wenn möglich, den Geisteszustand, in dem ein solches Verständnis nutzbar gemacht werden kann.

Es gibt da einen wunderbaren Moment, nachdem Tichon Stawrogins Geständnis gelesen hat, als Stawrogin Tichon um Vergebung bittet, und Tichon darauf antwortet, indem er seine Vergebung von Stawrogins Vergebung für sich abhängig macht. Tichon – und man spürt deutlich, dass Dostojewskij durch ihn spricht – tut nun Folgendes: Er beleuchtet den Zusammenhang von Stawrogins gnadenlosem psychopathischem Verhalten und seiner Auffassung von Beziehungen, die ihn dazu bringt, andere genauso misstrauisch und hart zu beurteilen, wie er sich vorstellt, selbst beurteilt zu werden. In diesem Geisteszustand ist Stawrogin nur zu Hass und Selbsthass fähig, und seine Selbstgeißelung ist ein wesentlicher Teil des Problems und nicht eine irgendwie geartete Lösung oder Bewältigung desselben.

Das bringt Melanie Kleins Gedanken über die Entwicklung von Schuld und den Drang zu Wiedergutmachung ins Gedächtnis. Zunächst ist eine kurze Beschreibung ihrer Darstellung der paranoid-schizoiden und der depressiven Position nötig.[1]*

Die paranoid-schizoide Position dominiert in den ersten Lebensmonaten und ist für uns alle ein primärer Geisteszustand. Darin werden andere Menschen als Teile und nicht als dreidimensionales Ganzes erlebt. Psychische Abwehrmechanismen werden als Antwort auf ein starkes Gefühl der äußeren Bedrohung in Kraft gesetzt. Spaltung und Projektion werden benutzt, um zwiespältige Gefühle loszuwerden: Dinge der Welt – Menschen und Objekte – werden in relativ einfachen Schwarz-Weiß-Begriffen geordnet, und negative Gefühle werden abgewehrt, indem sie auf andere Menschen übertragen werden.

Das bedeutet, dass oft eine Art primitives Über-Ich agiert, das sich aus der Projektion von Frustration und Hass herleitet. Diese Gefühle werden bewältigt, indem man sie dem anderen zuordnet, statt sie für einen Aspekt des Ichs zu halten, und dieses andere wird dann zunehmend fremd und bedrohlich und wird so in das Bewusstsein aufgenommen und dort repräsentiert. Das ist der Geisteszustand, der Ungeheuer und Schreckgestalten schafft, und die paranoide Person ist eine, die dann lebenslang unter dem Einfluss solcher Verfolgergestalten lebt.

* Vgl. die Anmerkungen im Anhang, S. 245 f.

Unter guten Umständen fängt die Entwicklung zur depressiven Position in der zweiten Hälfte des ersten Lebensjahres an. Dieser Geisteszustand ist gekennzeichnet durch die innere Repräsentation von wichtigen anderen als dreidimensional und als Ganzheit, und aus verschiedenen Teilen bestehend, von denen einige Gefühle der Frustration und des Hasses hervorrufen, und andere Gefühle der Befriedigung und Liebe. Die Welt kann nicht länger in einfache Begriffe unterteilt werden, und die komplexen, gemischten Gefühle, die in Beziehungen hervorgerufen werden, werden als aus dem Inneren des Ichs kommend erlebt und müssen nicht durch die Verlagerung in externe Objekte defensiv entsorgt werden.

Schuld und die Fähigkeit zu Anteilnahme und Wiedergutmachung entstehen aus der Erkenntnis, dass die Person, die wir, wenn auch nur für den Augenblick, gefühlsmäßig loswerden wollen, weil sie uns frustriert oder enttäuscht, dieselbe Person ist, die wir lieben und von der wir abhängen. Sie resultieren aus der Wahrnehmung dieses inneren Konflikts, durch den die Befähigung zu Kreativität und Destruktivität gleichzeitig und auf einer Gefühlsebene in jedem von uns bestätigt wird. Das sind nicht bloße *Ideen* von Schuld und Reue, um Tichons Ausdruck zu verwenden, Ideen, die in Gestalt von Verpflichtung oder Pflicht von außen kommen, sondern sie haben eine echte, innere Bedeutung.

(Wenn wir nun unser Augenmerk auf die Beziehung

des Individuums mit der Gesellschaft richten, so hängen Schuld und das Wiedergutmachungsbedürfnis ab von einem Bewusstsein für die Verbindung mit der Gemeinschaft, selbst wenn das eine äußerst ambivalente Verbindung ist, und für das Maß, in dem die Gemeinschaft grundlegende Hilfe und Unterstützung gewährt – ein Auskommen, ein Identitätsgefühl und so weiter).

Diese Denkart ist nichts, was man ein für alle Mal beherrscht; das Oszillieren zwischen den beiden Positionen ist ein wesentlicher Teil des Lebens, und wenn wir überlastet oder krank sind, kann die meisten von uns ein eher paranoider oder zerrissener Geisteszustand überkommen. Der wichtigste Punkt ist hier aber, dass wirkliche Anteilnahme und Reue – und nicht die Idee davon – echte Entwicklungserrungenschaften sind, und nichts, was auf Befehl erzeugt werden kann.

Wie ich es sehe, existiert ein offensichtliches Paradox, nämlich dass traditionelle Formen der Bestrafung, deren Ziel zum einen Reue ist, stattdessen zu innerer Rebellion und Schuldbefreiung tendieren. Der Straftäter mag ja hinter Gittern und das Verlangen der Gesellschaft nach Vergeltung damit in gewissem Maß befriedigt sein. Aber angesichts sozialer Absonderung und Ablehnung wird der Straftäter wohl eher in seinen privaten Gedanken die Auffassung hegen, dass er ungerecht behandelt wurde und im Recht ist – um sich gewissermaßen auf einer inneren Ebene von der Verantwortung loszusagen. Eine robuste therapeutische Antwort, eine, die dem, was der **forensische Patient** getan hat, ins Auge sieht, aber in mitfühlender und sinnvoller Art damit umgehen kann, hat eine größere Chance, wirkliche Reue zu erzeugen statt der Idee von Reue.

FÜNF

Dialog zwischen zwei Menschen als Interaktionen zwischen projizierten Fiktionen. Der Turing-Test für echten menschlichen Dialog. Mitgefühl als Fähigkeit, sich in die Erfahrung des anderen hineinzuversetzen. Kann diese Fähigkeit erworben werden? Schreiben und Lesen als behauptete Beispiele für Dialog; Zweifel an solchen Behauptungen. Dialog und Gebet. Eine Frage der Terminologie: »eine Therapie anfangen« gegenüber »einen Gesprächspartner finden«. Die Beichte als Sakrament gegenüber der säkularen Beichte. Romantische Mythen vom Künstler als spirituellem Diagnostiker.

Neville Symington über die Beziehung zwischen Patienten und Therapeuten: der Moment der Verschmelzung und der Moment der Trennung als Stadien der wachsenden Selbsterkenntnis des Patienten. Katholische Beichte gegenüber protestantischer Selbsterforschung in der Genealogie der Psychotherapie. Die entschieden säkulare, anti-magische Ethik der Psychotherapie. Das fundamentale Bedürfnis des Patienten, ein Gefäß für seine Erfahrung zu finden. Die Aufgabe des Therapeuten: dem Patienten zeigen, wie er Erfahrung gedanklich bearbeiten (ihr eine Form geben) kann, um dann die Erfahrung zurückzugeben.

jmc – Die von Ihnen erwähnte Passage, in der Tichon Stawrogin um Vergebung bittet, spiegelt für mich Dostojewskijs fundamental moralischen Standpunkt, dass ein wahrer Austausch zwischen Menschen (menschlichen Seelen) gegenseitig sein muss. Nur wenn es Gegenseitigkeit gibt, haben wir einen echten Dialog.

Aus dem, was ich zuvor geschrieben habe – dass ich den Austausch zwischen Menschen in den meisten Fällen für einen Austausch zwischen projizierten Fiktionen halte –, könnten Sie schließen, dass ich unfähig oder zumindest ungeeignet bin, zwischen echtem und vorgetäuschtem Dialog zu unterscheiden. Ich gebe allerdings zu, dass meine Bekanntschaft mit echtem Dialog geringfügig ist. In dieser Hinsicht stelle ich wohl die Norm dar; aber vielleicht sind Sie anderer Meinung.

Der sogenannte Turing-Test für Dialoge hat mich immer fasziniert: angesichts eines hinter einem Schirm (oder in einem Computer) verborgenen Gesprächspartners, wie kann man sicher sein, dass der Gesprächspartner ein anderer Mensch ist und kein Algorithmus, der Hinweise in meiner Rede aufnimmt und mit vorprogrammierten Sätzen antwortet, die wie Erwiderungen eines anderen Menschen klingen, das heißt, wie eine Antwortrede?

Paradoxerweise zeigt der Turing-Test, was in ihm steckt, in einigen der intensiveren, ja quälenden Drehbücher, die jedem Eheberater vertraut sein müssen – zum Beispiel das Drehbuch, das so beginnt: ALLES, WAS ICH TUE, IST SINNLOS, WARUM SOLLTE ICH WEITERMACHEN?

70

A. Alles, was ich tue, ist sinnlos, warum sollte ich weitermachen?

B. Was meinen Sie damit, alles, was Sie tun, ist sinnlos?

A. Ich meine, dass mein Mann die Arbeit, die ich im Haus tue, nicht anerkennt, dass die Kinder nicht mit mir reden, dass mich mein Job nicht befriedigt. Was hat das alles für einen Sinn?

B. Erzählen Sie mir von Ihrem Verhältnis zu Ihrem Mann.

A. Mein Mann kommt schlechtgelaunt nach Hause, er fragt mich nie, wie mein Tag gewesen ist.

B. Wie verläuft denn Ihr Tag gewöhnlich?

Es ist das berufsbedingte Schicksal der Therapeutin, dass sie in kaum vorhersehbaren Momenten in stereotypen Dialogen dieser Art feststeckt. Sich dabei zu ertappen, wie man in eine solch unkreative, mechanische Redeweise, ähnlich einer Turing-Maschine, gerät, muss verstörend sein. Doch vielleicht erleiden nicht nur Therapeuten solche Momente. Vielleicht ist es ja ein Risiko, das wir alle teilen, wenn wir kein so existentielles Interesse an der Situation haben wie unser Gesprächspartner. Ärzte müssen das täglich erleben.

Was braucht es, um einen echten Dialog zu führen? Zunächst einmal braucht es, wie mir scheint, zwei Personen (zwei Köpfe, zwei Seelen). Nicht einmal der begabteste Dialogschreiber kann einen echten Dialog zwischen einem Menschen und einer Maschine verfassen. Im Therapiefall – ich springe hier etwas – bedeutet das, dass der

Therapeut keinen echten Dialog führen kann mit jemandem, der – absichtlich oder unabsichtlich – gefangen bleibt in einer Litanei mechanischer Klagen und Anschuldigungen – der praktisch die Automaten-Hälfte des Paars bleibt. Ein Teil der therapeutischen Kunst muss also darin bestehen, die Patienten geschickt aus solchen eingefahrenen Bahnen herauszulenken.

Doch tiefgründiger betrachtet verlangt Dialog eine Fähigkeit, sich mit Hilfe von Mitgefühl in die Lebensanschauung und letztlich in das Sein des anderen hineinzuversetzen – und zwar in keine vorgestellte Version des anderen, sondern in das wirkliche Sein des anderen, ganz gleich wie schwierig und unerfreulich und sogar langweilig das sein mag.

Diese Fähigkeit ist meiner Meinung nach mehr als eine professionelle Fähigkeit, die erlernt und von einer Generation der Heilerkaste an die nächste weitergegeben werden kann. Ihrem Wesen nach scheint sie mir spirituell zu sein.

Bei unseren früheren Gesprächen habe ich vermutlich nicht erkannt, dass ein echter Dialog wahrscheinlich unentbehrlich ist, damit ein wahrer spiritueller Fortschritt (lassen Sie mich einstweilen diesen Begriff verwenden) stattfinden kann. Isoliert vermag man nur schwer auszubrechen aus der von mir beschriebenen Art selbsterschaffener und selbsterschaffender Erzählung, mit der man sich abschottet von dem, was für einen außenstehenden Beobachter überwältigend wie die Wahrheit über einen selbst aussieht – die Umsetzung der abstrakten Forderung, der Wahrheit ins Gesicht zu sehen, ist schlicht zu qualvoll. Es muss einem geholfen werden; und keine Maschine – kein therapeutisches Routinegeplapper, das ebenso gut aus einer Maschine kommen könnte – kann diese Hilfe leisten.

Und somit komme ich auf Umwegen zum Fall des Schriftstellers. Jede Analogie zwischen Schriftsteller und Therapeuten, zwischen dem Verfassen von erzählender Literatur und dem Überreden von Patienten, sich ihre Lebensgeschichte auf konstruktive Art und Weise zu erzählen, bricht an diesem Punkt zusammen. In der therapeutischen Situation muss es zwei Personen geben, während Erzählungen von einer Person geschrieben (diktiert) werden. So einfach ist der Unterschied.

Ich schwimme hier gewissermaßen gegen den Strom, und ich bin mir dessen bewusst. Ich möchte dabei zwei Strömungen benennen. Die erste ist die Behauptung (gewisser Kritiker), dass es so etwas wie den Dialogroman gebe. Die zweite ist die Behauptung (vieler Schriftsteller), dass das Schreiben in seinen intensivsten Momenten eher einem Diktiertwerden als einem Diktieren gleiche – dass es zwei Personen oder zwei Seelen im Raum geben müsse, damit ein Gedicht (im weitesten Sinn) entsteht.

Diese Behauptungen werde ich nicht ausführlich diskutieren – jedenfalls nicht jetzt. Aber wie Sie sehen können, bleibt meine Skepsis gegenüber dem Lesen als einer Form von Therapie unvermindert bestehen. (Schreiben als eine Form der Selbst-Therapie ist eine andere Sache – eine andere, aber auch kleinere und weniger interessante Sache.)

Mir entgeht nicht, dass »echter« Dialog vielleicht nicht allzuweit entfernt vom Gebet ist. Das Gebet scheint mir im gegenwärtigen therapeutischen Diskurs ein vernachlässigtes Thema zu sein – das Gebet und der andächtige Geisteszustand. Irre ich mich?

♦ ♦ ♦

AK – Es ist wichtig, die Therapie und das therapeutische Gespräch nicht zu idealisieren – etwas, woran ich genauso erinnert werden muss wie Sie! Die Art von echtem, wachstumsförderlichem Dialog, von dem Sie schreiben, ist meiner Meinung nach für jeden von uns schwer zu erreichen und ist am ehesten ein erstrebenswertes Ziel als irgendetwas anderes.

Ich würde unser eigenes Gespräch gern ausweiten, um die ganze Erfahrung einer wachstumsförderlichen Beziehung zu betrachten und mich nicht auf den Dialog zu begrenzen – der meines Erachtens eher in das Reich des Intellekts als in das der Emotion gehört.

Ich habe eine interessante Arbeit des Psychoanalytikers Neville Symington darüber gelesen, was er den »Freiheitsmoment« in der therapeutischen Beziehung nennt.[2] Für mich sind seine Ausführungen relevant für jede Beziehung, in der es eine starke Bindung gibt und bei der die Förderung von Entwicklung ein Ziel ist. Symington beschreibt zwei Stadien, oder Momente, der Beziehung. Das erste ist ein Moment der Verschmelzung, wo es wichtig ist, sich auf die Bedürfnisse, ja die Illusionen, des anderen einzulassen. Kurz gesagt, ihm das zu geben, was er will – natürlich innerhalb eines vernünftigen Rahmens. Das schafft eine besondere Art des Wissens, ein eher gefühlsmäßiges als intellektuelles Wissen von einer anderen Person, weil es eine relativ freie Resonanz auf unbewusster Ebene erlaubt. Aber objektiv gesehen erlaubt uns das nur sehr wenig über die andere Person auszusagen, da wir uns, zumindest bis zu einem gewissen Grad, in einem anderen verloren haben.

Später – denn in seinem Plan ist es später – beschreibt er einen anderen Moment, in dem man sich gestattet, bildlich gesprochen, zurückzutreten und den eigenen Verstand zu gebrauchen und den anderen auf eine Weise zu betrachten, die kälter, schärfer und insgesamt distanzierter ist. Das ist ein Moment der Distanz, ein Moment, wo es zwei verschiedene Menschen und eine Grenzlinie zwischen ihnen gibt. Das schafft eine andere Art Wissen, die besonders für die Entwicklung nötig ist und die auf das durch den Moment der Verschmelzung erlangte Wissen aufbaut. Und in Symingtons Plan muss man sich zu diesem späteren Moment manchmal erlauben, das Undenkbare zu denken – undenkbar zumindest nach den vorherigen Konditionen der Beziehung. Ich sollte hinzufügen, dass das Undenkbare sich nicht zwangsläufig auf etwas

Radikales oder Dramatisches oder Furchterregendes beziehen muss, sondern eher auf die Möglichkeit, etwas aus einem ungewohnten Blickwinkel zu verstehen, was die Dinge neu und anders zu sehen und zu erfühlen erlaubt.

Ich glaube jedenfalls, dass die zwei Beziehungsarten beide ihren Platz beim Erkennen eines anderen Menschen und beim Erkennen seiner selbst im Verhältnis zu einem anderen Menschen haben und dass sie verschiedene Arten von Erkenntnis liefern, von denen keine vollständig ist.

Nicht zuletzt möchte ich mich der Frage zuwenden, warum Sie auf die spirituelle Entwicklung und auf den andächtigen Geisteszustand hinweisen. Bitte gehen Sie näher darauf ein, denn obwohl ich nicht religiös bin, sind mir diese Begriffe doch wichtig. Und die Verlagerung von der materiellen zur spirituellen Ebene – die Frage, warum und inwiefern diese Verlagerung nötig und zwingend erscheint – interessiert mich sehr.

◆ ◆ ◆

JMC – Ich werde zu gegebener Zeit auf den andächtigen Geisteszustand zurückkommen. Doch vorher möchte ich einige der von Ihnen verwendeten Termini herausgreifen und erklären, warum ich selbst sie nicht benutze. Denn es wäre doch misslich, wenn wir irgendwann im Verlauf der Diskussion entdecken müssten, dass wir wichtige Wörter unterschiedlich verstanden haben.

Zunächst einmal zögere ich, das Wort *Wachstum* auf die gleiche Weise zu verwenden wie Sie, weil ich nicht glaube, dass wir mit einem so abstrakten Ziel im Sinn eine Therapie beginnen (oder ein Geständnis ablegen, wie ich später vorschlage). In der Tat frage ich mich, ob der Ausdruck »eine Therapie anfangen« gut beschreibt, was Menschen im realen Leben tun. Was geschieht, scheint mir doch zu sein, dass wir ein mehr oder weniger dringendes Bedürfnis spüren, mit jemandem zu reden, aber nicht mit irgendjemandem – mit dem »Richtigen«. Inzwischen haben wir unsere Nöte vielleicht mit einer Anzahl von Leuten besprochen, sind vielleicht einigen davon mit unserem Gerede auf die Nerven gegangen – oder haben ihre Geduld erschöpft. Doch es hat sich herausgestellt, dass diese Leute nicht die »Richtigen« für unsere Zwecke waren: Unsere Gespräche mit ihnen waren unbefriedigend, haben uns nicht das gegeben, was wir zu brauchen meinen.

Als Ersatz für die Vorstellung, »eine Therapie anzufangen«, möchte ich auf die vagere Vorstellung von der Suche nach der richtigen Person als Gesprächspartner zurückgreifen; und anstatt dass »der Wunsch zu wachsen« als Ziel angegeben wird, ziehe ich es vor, an einem primitiveren und unausgesprochenen oder unaussprechlichen Bedürfnis festzuhalten – in diesem Fall einem Bedürfnis zu reden.

Dann gibt es den Terminus *kommunizieren* selbst. Mein Verständnis von Kommunikation ist ziemlich technischer Natur. Damit ein Kommunikationsakt stattfinden kann, muss eine Reihe von Voraussetzungen erfüllt sein. Darunter diese: zwei Teilnehmer, ein Ich und ein Du, die bereit sind, Botschaften auszusenden und zu empfangen; und ein gemeinsamer Kode.

In der Art von Lebenssituation, mit der Sie und ich (ein anderes Du-und-ich-Paar!) befasst sind, sind diese Voraussetzungen nur auf hochproblematische Weise erfüllt. Ich zweifle an mir selbst (Bin ich eine Einheit oder bestehe ich aus Fragmenten, die nur prekär zusammengehalten werden durch etwas, was eine Fiktion sein könnte, wie ich befürchte?); du zweifelst auf verschiedene Weise (Bist du der Richtige? Hörst du mich wirklich oder bist du »taub« für mich?); und der Kode bildet vielleicht das Zentrum dessen, was falsch ist (Wenn ich X sage, verstehst du dann X oder Y? In welche soziale Rolle füge ich mich, wenn ich die Benutzung dieses Kodes akzeptiere?).

Statt »kommunizieren« zu verwenden, würde ich dann lieber bei einer primitiveren Vorstellung vom Sprechen bleiben – Sprechen an sich, nicht einmal Sprechen zu jemandem – mit der Einschränkung, dass das Sprechen manchmal zu etwas Primitiverem wie Tränen werden kann: Ich suche einen Menschen, vor dem ich weinen kann oder, in einer Metapher, die sowohl Worte als auch Tränen einschließen könnte, dem ich mein Herz ausschütten kann.

Eher stimme ich mit Ihnen überein bei der Darstellung, was von der Figur des Du verlangt wird, der Figur des Therapeuten, nämlich eine nicht einfach zu erklärende

Fähigkeit, den anderen (den von mir Ich genannten, oder in diesem Kontext Person eins) von innen kennenzulernen, die Kunst (die Weisheit), sich nicht in Spiele verstricken zu lassen, das Wissen und die Erfahrung und Überlegung, die dich befähigen zu verstehen, in zumindest einem Sinn dieses reichen und komplexen Wortes, was im anderen vor sich geht.

Jetzt bringe ich ein Paradox zur Sprache: einen Dialog, der die Form eines Monologs annehmen kann.

Mir ist aufgefallen, wie seltsam es ist, dass über die Ähnlichkeit zwischen der Therapie-Sitzung und der Beichte, wie Letztere in der katholischen Kirche funktioniert oder funktionieren sollte, nicht mehr nachgedacht wird – zumindest meines Wissens. Das ist umso seltsamer, wenn man feststellt, dass die säkulare Therapie ihren Wachstumsschub genau zu der Zeit hatte, als der Anspruch der Kirche auf die Macht und das Recht zur Sündenvergebung an Glaubwürdigkeit verlor.

Die Vorstellung von Beichte, mit der ich arbeiten möchte, ist nicht die stereotype: Person zwei hört gleichgültig zu, vielleicht sogar halb schlafend, während Person eins eine Liste von »Sünden« herunterspult, verhängt dann irgendeine Routine-Strafe, ehe sie dem Ritual gemäß Absolution erteilt. Ich möchte folgende formale Elemente erhalten: das Schweigen (die Nichteinmischung) des Beichtvaters (Person zwei) während der Beichte; der Beichtkode (die mutmaßlich geteilte Sprache); und die befreiende Formel, mit der die Sitzung endet.

Natürlich ist es lachhaft, dass eine Fünf-Minuten-Beichte uns die Bürde eines Lebens von den Schultern nehmen kann – lachhaft, wenn es keinen Glauben an ihre Wirksamkeit gibt, dem beide Beteiligten gleichermaßen anhängen, mit einer von uns kaum mehr vorstellbaren Intensität. (Wenn Person eins den Beichtstuhl im Zustand der Verzückung verlässt, als schwebe sie, praktisch »geheilt«, würden wir heute wahrscheinlich behaupten, dass die Heilung illusorisch ist und die Bürde sich bald wieder auf sie legen wird.)

Doch ich frage mich, ob das gewaltige System der analytischen Theorie nicht unser säkularer (das heißt, desillusionierter) Ersatz für den starken Glauben an die Wirksamkeit des Sakraments ist, der von Beichtvater und Beichtendem geteilt wird. Der Priester braucht nichts zu »wissen«, um die Heilung zu bewirken. Gewiss muss er verstehen, das soll heißen, dem Büßer als mitfühlende Seele begegnen. Doch darüber hinaus bewirkt das Sakrament an sich – was wir den Prozess nennen können – die Heilung.

Die Frage, die meiner Ansicht nach offen bleibt, ist, ob ein Wunder wirkender Dialog dieser Art für immer verloren ist. (Ich nenne ihn Dialog, weil es ja tatsächlich zwei Teilnehmer gibt, den Büßer einerseits und den Heiligen Geist andererseits, der durch den Beichtvater spricht.) Ich neige zur Behauptung, oder wenigstens zur Hoffnung, dass er nicht verloren ist.

Es bleibt jedoch noch die Frage des Kodes. Die Routine-

Beichte stützt sich auf einen abgenutzten Sündenkatalog, jede Sünde hat einen Standardnamen: falsches Zeugnis, Unzucht, den Namen Gottes missbräuchlich verwenden, usw. Wir denken bei uns: Wie absurd zu glauben, dass eine solche Liste – tatsächlich jede beliebige Standardliste – Licht auf unser vages Gefühl, dass etwas mit uns nicht stimmt, werfen kann! Wir könnten auch denken: Wenn ich schon weiß, was mit mir nicht stimmt, wenn es mein falsches Handeln ist und ich schon das Wort dafür kenne, dann ist das Problem zu neun Zehnteln gelöst, ehe ich mich noch in den Beichtstuhl begebe.

Nach unserer Erfahrung als postreligiöse Menschen fühlt Person eins, dass etwas mit ihr nicht stimmt, hat aber keine Ahnung, was das sein könnte, und hat ganz bestimmt keinen treffenden Ausdruck dafür; oder aber sie hat eine falsche Vorstellung.

Und das bringt uns zu der Person, die, zumindest nach der postreligiös üblichen Denkweise, die Macht haben soll zu benennen, was nicht stimmt, oder was schiefgelaufen ist, oder worin das falsche Handeln bestand – nämlich der Künstler, Nachfolger des Priesters. Während wir schlafen, wacht der Künstler. Eine der Hauptmythen der Romantik ist die vom Künstler und seiner Wunde. Die Wunde hält den Künstler wach, ruhelos, schmerzerfüllt; die Kunst, die er schafft, soll vielleicht nur die Wunde heilen (wie die Auster das Jucken des Sandkorns zu lindern versucht, indem sie es mit Perlmutt überzieht), aber sie erfüllt weitere Zwecke, wie sich herausstellt. Zusammen mit dem Wissenschaftler-Therapeuten, jenem anderen Erforscher der dunklen Welt des Inneren, hat der Künstler-Priester die Rolle des Diagnostikers gespielt, der feststellt, was mit uns nicht stimmt; oder er hat diese Rolle zumindest so lange gespielt, wie der Mythos der Wunde Gültigkeit hatte.

Für mich bedeutet die Vorstellung vom Künstler als Diagnostiker des Zeitalters – von Künstlern selbst beschworen – zu viel an Selbstglorifizierung. Es gibt noch andere Behauptungen, über den Künstler oder von ihm selbst aufgestellt, die ich nur mit Vorsicht behandeln würde. Eine davon ist, dass wir ohne den Künstler keine Sprache hätten, in der wir darüber sprechen könnten, was mit uns nicht stimmt. Eine andere ist, dass der Künstler als Geschichtenerzähler uns ein Modell liefert, wie wir uns mental stärken und /oder vom Würgegriff der Vergangenheit befreien können.

Ich bin geneigt, die Geschichten, die Künstler über sich erzählen, nicht anders zu betrachten als die Geschichten, die wir Übrigen über uns erzählen: Sie dienen unseren eigenen Interessen oder was wir für unsere Interessen halten. Bei jeder Geschichte können wir berechtigterweise fragen: *Cui bono*? Damit komme ich zu einem Thema zurück, das ich zu Beginn unseres Gedankenaustausches angesprochen habe: dass wir den therapeutischen Dialog als Suche nach der Wahrheit begreifen sollten, bevor wir ihn als Weg sehen, der die Menschen dazu bringt, sich gut in der eigenen Haut zu fühlen.

◆ ◆ ◆

AK – Es ist interessant, dass Sie den therapeutischen Dialog mit dem katholischen Beichtritual in Verbindung bringen – interessant, weil ich eine Verbindung von Protestantismus und den therapeutischen Auffassungen von individueller Verantwortung, Selbstentwicklung und Arbeit an der eigenen Person sehe. Um das weiter auszuführen, würde ich sagen, dass das psychotherapeutische Projekt sowohl bescheidener als auch ambitionierter ist als das katholische Ritual: bescheidener wegen seiner Betonung der Notwendigkeit, hart zu arbeiten und Schmerz zu ertragen, um selbst kleine Ergebnisse zu erreichen; ehrgeiziger, weil es den Hauptort von Bedeutung und Verwandlung nicht in Gott, sondern im Menschen selbst findet.

Soweit ich es als agnostische Nicht-Christin verstehe, besteht beim Beichtritual der Glaube an den Priester als Wundertäter, als Verkörperung Gottes, ohne Zweifel. Ihm ist die Macht zur Absolution gegeben, er ist ausgestattet mit aller göttlichen Liebe und der bedingungslosen Zusage des Heiligen Geistes. Und dadurch wird das, was beim Herzausschütten ans Licht kommt, Sünde, Scham und Qual, weggewischt, wie die Tränen eines kleinen Kindes von den liebenden Eltern weggewischt werden.

Die meisten Psychotherapeuten lehnen es entschieden ab, sich als Wundertäter zu begreifen, und sehen in der Phantasievorstellung, sie könnten eine Wunderlösung bewirken, eine der schlimmsten Fallen. Patienten geben häufig einem Verlangen nach Heilung oder dem Einsatz eines Zauberstabes Ausdruck, und der Wunsch, das auch zu liefern, kann stark sein. Denn von vielen Therapien kann man sagen, dass sie mit der Tilgung dieses Verlangens beginnen, wodurch Raum geschaffen wird, um in einer realistischen und bescheideneren Art über Probleme nachzudenken und zu erkunden, wie man mit ihnen umgehen kann. Das ist offensichtlich ein Paradox: Die reale Verwandlung in der Psychotherapie hängt zum Teil ab von der Tilgung des Verlangens nach einer Wunderkur und vom Akzeptieren von Zielen, die viel bescheidener und alltäglicher sind.

Es geht bei der psychoanalytischen Therapie nicht einfach darum, dass der Patient das magische Denken aufgibt. Das hieße, den Einfluss, den das magische Denken auf uns alle hat, stark zu unterschätzen. Anfangs wird das Gefühl des Patienten für wundersame Kräfte im guten oder schlechten Sinne erforscht, das sich in Form von übersteigerten Erwartungen an sich selbst oder einen anderen (oft den Therapeuten) äußert, und ihm wird Spielraum gelassen. Doch bei der Arbeit, die nun folgt, geht es zum großen Teil darum, dem Patienten zu helfen, diese Kraft auf nicht-magische Weise wieder in sich hineinzunehmen. Das Ziel ist, einen Prozess der Verarmung des Selbst rückgängig zu machen. Im Verlauf dieses Prozesses wurden wundersame Kräfte, wie zum Beispiel Allmachtsphantasien oder Vorstellungen von einem idealisierten anderen, vom Unbewussten als Lösung für ein zugrundeliegendes Gefühl der Schwäche oder Bedeutungslosigkeit beschworen. Es gilt, die Gefühle des Patienten von Kleinheit und seelischem Elend als totalen Kontrast zur Erwartung von Wunderheilung bei der therapeutischen Arbeit zu beachten und zu verstehen – damit man kein Salz in die Wunden reibt, sondern dem Patienten hilft, diese Gefühle zu überwinden.

Die besseren Psychotherapeuten schaffen Bedingungen, unter denen die ältesten Zauber, Berückung oder Behexung, in voller Kraft erlebt werden – um schließlich gebrochen zu werden.

Ich stimme Ihnen zu, was den Begriff *Wachstum* angeht: Die Menschen begeben sich im Allgemeinen nicht in Therapie, um zu wachsen oder sich zu entwickeln, Ziele, die vielleicht den Psychotherapeuten viel bedeuten, aber angesichts einer unmittelbaren Erfahrung von Unglück abstrakt und irrelevant erscheinen. Aber die Menschen begeben sich in Therapie, weil sie verzweifelt einen Ausweg suchen, weil sie aus dem Gedankenkarussell in ihrem Kopf ausbrechen wollen, selbst aber keine Fluchtmöglichkeit sehen. In diesem Sinn wollen sie nicht nur einfach reden; sie wollen über das Reden hinaus geführt werden.

Ich glaube wie Sie, dass wir vom Beginn unseres Lebens an nach einem Ort suchen, wo wir unser Herz ausschütten können. Doch ich glaube, dass in allem, was so nach außen dringt, Wahrheit liegt, wenn auch in verzerrter oder indirekter Art. Wie könnte es anders sein? Was in uns ist, wird herausgelassen, und in welcher Form es herauskommt, ist meist keine Angelegenheit der Wahl oder der bewussten Entscheidung; es enthält stets Verzerrungen, ob in großem oder kleinem Maßstab, durch die etwas Wahres mitgeteilt wird, vorausgesetzt, ein Zuhörer versteht etwas von ihrem Verhältnis zur Wahrheit (dem Prinzip der Verzerrung) und was dem zugrunde liegt.

Die Geschichten, die wir über unser Leben erzählen, sind vielleicht keine akkurate Widerspiegelung dessen, was wirklich geschehen ist, sie können in der Tat bemerkenswerter wegen ihrer Ungenauigkeiten sein als wegen sonst etwas. (Ich will sie nicht Lügen nennen, obwohl die Menschen allerdings manchmal lügen, aus Zynismus oder aus Scham.) Aber sie sind schlicht das Einzige, was wir haben, um damit zu arbeiten, oder alles, von dem wir wissen, dass wir es haben; und wir können eine ganze Menge mit diesen Geschichten anfangen, besonders wenn wir sie für Wahrheiten ansehen, Wahrheiten der subjektiven und der intersubjektiven Art, die durch ihre Erzählweise aufgedeckt werden können.

Es geht nicht einfach darum, dass Patienten etwas aus sich herauslassen wollen; bei der Psychotherapie geht es um mehr als bloße Entleerung – oder es sollte auf alle Fälle um mehr gehen. Patienten suchen ja nach einer Möglichkeit, Erfahrungen zu bewältigen, ihnen also Form und Bedeutung zu geben. Der Vorgang des **Containing** ist nützlich zur Beschreibung, wie aktiv der therapeutische Prozess sein kann, während er ziemlich nicht-interventionistisch erscheint. Er schließt ein, was Sie über das primitive Bedürfnis sich auszusprechen sagen, geht aber in wichtiger Hinsicht darüber hinaus.

Keine alte Form und Bedeutung reichen aus, um ein **Containment** der hilfreichen, therapeutischen Art bereitzustellen: Die Bedeutsamkeit, die verstörender und verwirrender Erfahrung beigemessen wird, oft unbewusst, sollte gestützt werden, sowohl durch tiefe Sympathie mit dem Patienten als auch durch Respekt vor emotionaler Wahrheit – wie unerfreulich, kompliziert oder schmerzlich sie sein mag. Während also der Therapeut Sympathie aufbringen muss, sollte er dem Patienten auch helfen, sich gewisse Dinge klarzumachen – und manchmal ist das fordernde und anstrengende Arbeit. Die zwei Prozesse sind voneinander abhängig: Der Patient schüttet sein Herz aus, und Therapeut und Patient arbeiten zusammen, um den Äußerungen eine Form und eine Bedeutung zu geben, die im weitesten Sinne von Sympathie getragen wird, aber auch komplizierte und schmerzliche Wahrheiten bewusstmacht. Patienten sind eher in der Lage, frei zu sprechen, wenn sie sich in der Gesellschaft eines Menschen befinden, der ihnen helfen kann, über ihre Erfahrung nachzudenken, wie schwierig das auch immer ist, und der das in einer Weise tut, die sie akzeptieren und der sie sich anvertrauen können.

Indem man der Erfahrung dadurch Form und Bedeutung verleiht, dass man über sie auf eine Weise spricht, die von Sympathie geprägt ist und wahr erscheint, ermöglicht man, dass über die Erfahrung nachgedacht wird. Das Ziel dabei ist, sie wieder zu verinnerlichen – aber als eine Erfahrung, über die nachgedacht wurde, statt als Erfahrung, auf die reagiert oder die abgestoßen werden muss. Wir verdanken dem Psychoanalytiker und Schriftsteller Wilfred Bion den Gedanken, dass die Möglichkeit, aus der Erfahrung zu lernen, davon abhängt, ob man in der Lage ist, sie auf diese Weise zu verinnerlichen.[3]

Darum geht es meines Erachtens, wenn man festgefahren ist und sich von belastenden Erfahrungen befreien will und sich nicht imstande fühlt, das Geschehene wirklich gedanklich zu verarbeiten; ein Geisteszustand, der paradoxerweise oft gekennzeichnet wird durch gedankliches Kreisen um ein Problem oder zwanghaftes Grübeln. Man denkt, doch man kommt zu keinem Schluss.

SECHS

Geschichten, die wir uns über uns selbst erzählen, und ihr Wahrheitsstatus. Postmoderne Als-ob-Vorstellungen von der Wahrheit. Wie therapeutische Als-ob-Lösungen aussehen könnten. Der Umgang mit der Realität in der Literatur als einer Fiktion unter vielen. Wahnvorstellungen und der Wahrheitsgehalt von Wahnvorstellungen: der Fall Don Quijote. Quijotes Herausforderung: Ist eine erfundene ideale Wahrheit nicht manchmal besser als die wirkliche Wahrheit? Der Wahrheitsstatus von Erinnerungen. Historiker und wie sie mit vergangenen (erinnerten) Ereignissen umgehen. Siedlergesellschaften und beunruhigende Erinnerungen an eine Vergangenheit, die oft von Genozid geprägt ist.

Die Geschichte des Patienten als subjektive Wahrheit. Das Aufführen dieser Wahrheit im Sprechzimmer: eine Fallgeschichte. Unvollständige Wahrheiten und die Rolle des Therapeuten, die fehlenden Teile auszufüllen. Fortschreiten von subjektiver Wahrheit zu vollständigerer subjektiver Wahrheit. »Authentizität« als anderer Terminus für subjektive Wahrheit. Die Bedeutung des Festhaltens am Wahrheits-

begriff. Wahrheit als Prozess in der Psychoanalyse (Hanna
Segal). Der Erkenntnismoment (Erkennen der Wahrheit) in
der Therapie.

JMC – »Die Geschichten, die wir uns über uns selbst erzählen, sind vielleicht nicht wahr, aber sie sind alles, was
wir haben.«

Mich interessieren unsere Beziehungen zu diesen Geschichten, die wir über uns selbst erzählen, Geschichten,
die vielleicht wahr sind, vielleicht auch nicht. Ich möchte
drei Fälle auswählen.

(a) Ich habe eine Geschichte über mich, die ich ernsthaft
für wahr halte, die ich tatsächlich für die Geschichte von
mir halte, von der aber ein idealer, allwissender, gottglei-
cher Beobachter, der völlig unabhängig von mir ist und
zu dessen Bewusstsein ich keinen Zugang habe, weiß,
dass sie nicht wahr ist, oder zumindest nicht die ganze
Wahrheit ist.

(b) Ich habe eine Geschichte über mich zu erzählen,
eine, an die ich von ganzem Herzen glaube, von der
aber gewisse nahe Beobachter (meine Eltern, meine
Frau / mein Mann, meine Kinder) wissen, dass sie
Schwachstellen hat, dass sie möglicherweise selbstsüch-
tig und vielleicht bis zu einem gewissen Grad sogar
wahnhaft ist. (Das kommt nicht selten vor.)

(c) Ich habe eine Geschichte über mich, von der Art, wie

wir alle Geschichten über uns haben: Ich gebe zu, dass sie nach den Maßstäben von (a) oder sogar (b) nicht wahr sein mag; dennoch ist es »meine« Geschichte, sie ist alles, was ich habe, und daher bin ich ihr treu. »Sie ist alles, was ich habe, Besseres bringe ich nicht zustande.«

Mit (c) beschreibe ich eine allgemein verbreitete postmoderne Situation: Es gibt keinen idealen Beobachter vom Typ (a), der die wahre Geschichte über mich in seinem Bewusstsein hat, deshalb sei es mir gestattet, eine Art Lebenserzählung für mich auszuhandeln, eine klug genug ausgearbeitete, um Beobachter vom Typ (b) zu berücksichtigen, die sich dennoch ehrlich und aufrichtig anfühlt, obwohl ich im Hinterkopf habe, dass Interessen am Werk sind – Interessen, die ich nicht bemerke –, die beinah mit Sicherheit diktiert haben, dass gewisse Teile »der« Geschichte – der ganzen Geschichte, der Geschichte vom Typ (a) – ausgeblendet bleiben. Ich bin nicht in der Lage, mit dem Finger auf diese ausgeblendeten Teile zu zeigen, weil »ich« damit befasst bin, sie vor »mir« zu verbergen.

Meine begrenzte Erfahrung mit dem Sprechzimmer gibt mir das Gefühl, dass die Psychoanalyse als Disziplin die typischen Merkmale von (c) nicht sehr ernst nimmt. Der hyper-reflektierte Aspekt von (c) wird mehr oder weniger als sekundäres Elaborat beiseitegeschoben. Ich habe jedoch das Gefühl, dass die Sensibilität von Typ (c) heute immer häufiger anzutreffen ist. Sie ist ein Ausdruck des Zeitalters, in dem wir leben, und wir sollten uns hüten, das herunterzuspielen.

Es mag an diesem Punkt so scheinen, als wolle ich für eine neue Art von Analyse, angepasst an einen neuen Persönlichkeitstyp, werben, aber diese Richtung möchte ich eigentlich nicht einschlagen. Ich möchte mich konzentrieren auf das Verlangen oder die Sehnsucht nach der einzigen Wahrheit. Diese Sehnsucht fühle ich selbst übrigens stark, finde sie aber nicht in der Art Vertrag zwischen Therapeuten und Patienten, der zur Voraussetzung hat, dass alle Transaktionen auf einer Als-ob-Grundlage stattfinden: »Ich werde meine Geschichte erzählen, als ob sie wahr wäre, und Sie werden mit mir umgehen, als ob ich sie nicht nur erfände, und wir werden sehen, wohin uns das führt.« (Das ist eine grobe Version des von Ihnen in Ihrer letzten Mitteilung beschriebenen Vertrags.)

Meine erste Frage wäre die: Wenn man mit einer Als-ob-Wahrheit anfängt, wo kann man durch Therapie anders hinzugelangen hoffen als an ein Als-ob-Ziel? Meine zweite Frage wäre: Haben wir uns wirklich so verändert (so weit entwickelt), dass wir zufriedengestellt werden können nicht nur mit Als-ob-Geschichten, sondern auch mit Als-ob-Zielen, mit Als-ob-Lösungen für Als-ob-Nöte? Sind Therapeuten und Patienten heutzutage übereingekommen, nur mit Fiktionen umzugehen, Fiktionen, von denen beide wissen – mit einem stillschweigend suspendierten Wissen –, dass es Fiktionen sind; und reicht das, um sie zufriedenzustellen? Oder irre ich mich, wenn ich ein *sie* postuliere, das nicht aus Ansammlungen von Fiktionen besteht, sondern aus »realen« Menschen, deren

Hunger nicht durch eine solch gespenstische Kost befriedigt werden kann?

Wie Sie sehen, bin ich so gespalten, unentschlossen und verwirrt wie möglich. Von Berufs wegen habe ich mit Fiktionen gehandelt. Durch das, was ich schreibe, muss Ihnen klar sein, dass ich keinen großen Respekt vor der Wirklichkeit habe. Ich glaube, dass ich die Realität in meinen Büchern eher benutze als widerspiegele. Wenn die Welt meiner Fiktionen eine wiedererkennbare Welt ist, dann deshalb (sage ich mir), weil es einfacher ist, die Welt, wie sie ist, zu benutzen, als eine neue zu erfinden. In einem Brief an Louise Colet hat Gustave Flaubert davon gesprochen, ein Buch über nichts schreiben zu wollen, ein Buch, das von den wechselseitigen Spannungen seiner Teile zusammengehalten würde und nicht durch seine Übereinstimmung mit irgendeiner realen Welt. Ein solches Buch hat er nie geschrieben – es war viel zu schwer, und es hätte sowieso kein Mensch gelesen. Aber es ist bezeichnend, dass ein Schriftsteller, den man für einen Erz-Realisten hält, eine so geringe Meinung von der Realität haben sollte.

Was einen letztlich an die reale Welt bindet, ist der Tod. Man kann nach Herzenslust Geschichten über sich erfinden, aber man ist nicht frei, das Ende zu erfinden. Das Ende muss der Tod sein: Es ist das einzige Ende, an das man ernsthaft glauben kann. Was ist das für eine Ironie, dass man sich, um sich in einem Meer von Fiktionen zu verankern, auf den Tod verlassen muss!

◆◆◆

AK – Mir scheint, dass wir über zwei sehr verschiedene Arten von Wahrheit reden. Sie schreiben über eine objektive oder eine transzendente Wahrheit, eine Wahrheit außerhalb des Bereichs menschlichen Verständnisses. Ich arbeite auf der Basis einer subjektiven und einer intersubjektiven Wahrheit, einer Wahrheit der Erfahrung, und das, glaube ich, steht zur Debatte, wenn man einem Patienten zu helfen versucht, der leidet. Die Menschen kommen zur Psychotherapie, weil sie sich elend fühlen und sich in subjektiver Not befinden, nicht weil sie nicht wissen, ob Gott existiert oder wie sie das Wetter deuten sollen.

Das soll nicht heißen, dass die Wirklichkeit – was auch immer wir darunter verstehen – ganz entschwindet. Aber bei der Psychotherapie versucht man nicht, die objektive Wahrheit zu etablieren. Stattdessen erkundet man, wie der Patient die Wirklichkeit darstellt, wie die Außenwelt im Bewusstsein des Patienten existiert, mit all den Verzerrungen, Ungereimtheiten, Auslassungen, um zu verstehen, wie sein Bewusstsein arbeitet, und um sein Gefühl für die subjektive Wahrheit vertiefen zu helfen.

Ich würde gern eine klinische Skizze präsentieren, um die Frage im Kontext der therapeutischen Arbeit, die ich im Moment mit Patienten durchführe, zu durchdenken.

Ein Patient hat vor anderthalb Jahren eine psychoana-lytische Therapie mit mir begonnen. Er kommt dreimal wöchentlich. Das Material stammt von der ersten Sit-zung nach einer langen Urlaubspause.

Der Patient erzählte davon, dass er in den letzten Urlaubstagen zusammengebrochen sei. Er berichtete auch, dass er seine Sitzungen sehr vermisst habe, be-sonders dann, wenn er mit seiner Partnerin gestritten habe. Dieser Patient hatte Wochenenden und Urlaubs-pausen immer schwierig gefunden. Zu Anfang der Therapie ging er damit um, indem er vergaß, was in Sitzungen passiert war, und nicht an mich oder die Therapie dachte, wenn er nicht im Sprechzimmer war. Ich begriff das als Abwehrstrategie, wodurch er mir das antat, was ich seinem Gefühl nach ihm antat – das heißt, ihn aus meinen Gedanken zu verbannen. Das er-gab Sinn für den Patienten, und er nannte das »den Spieß umdrehen«.

Zum gegenwärtigen Therapie-Zeitpunkt haben sich die Dinge geändert. Der Patient bekennt sich stärker zu seiner Angst, abhängig zu sein, was einen positiven Einfluss auf Beziehungen in seinem Leben hatte, vor allem die zu seinem Sohn.

Heute beschwert er sich bitterlich über seine Partne-rin. Er hat sich ihr gegenüber schrecklich benommen, sagt er. Er weiß nicht, warum ihn eine solche Wut ihr gegenüber ergreift. Auf den ersten Blick ist das Pro-blem merkwürdig, weil seine Partnerin sehr bedacht darauf zu sein scheint, alles ihr Mögliche zu tun, um ihm zu helfen, doch das scheint ihn nur zu erzürnen. An einem Punkt sagt er zu mir: »Ihre Liebe und Anteilnahme sind das Problem.«

Nach einer Weile spreche ich mit ihm darüber, wie verletzlich er sich fühlt und meine Hilfe braucht, er braucht die Hilfe sowohl von seiner Partnerin als auch von mir, doch er hasst dieses Gefühl. Er kommt sich dann klein vor. Dieses Gefühl ist besonders stark, wenn er in der Urlaubspause nicht zu mir kommen kann, dann fühlt er sich ausgesperrt und abgewiesen. Ich denke, wenn er sich schrecklich gegenüber seiner Partnerin benimmt, dann entledigt er sich der Gefühle, klein und ausgesperrt zu sein, indem er dieses Gefühl auf seine Partnerin überträgt – er lässt sie fühlen, was er fühlt. Das leuchtet dem Patienten ein. Das stützt sich auf viele Gespräche, die wir in den vergangenen Wochen hatten, und es hat die Wirkung, ihn zu beruhigen.

Hier versuche ich, dem Patienten zu helfen, seine Toleranz bestimmten Gefühlen gegenüber zu entwickeln – hilfsbedürftig und verletzlich zu sein, Angst davor zu haben, verletzt und abgewiesen zu werden –, damit er sich nicht von ihnen befreien muss, indem er einem ihm nahestehenden Menschen diese Gefühle an seiner statt bereiten muss.

Die Skizze beschreibt ein recht alltägliches Beispiel psychoanalytischer Arbeit. Dabei geht es um eine Erforschung der Gefühle, mit denen ein Patient in seinem Inneren kämpft, und der Abwehrstrategien, die er im Umgang mit ihnen entwickelt hat. Ich hoffe, es zeigt auch die emotionale Natur der therapeutischen Beziehung, ihre Bedeutung für den Patienten und die Methode, wie man etwas über die Denkweise des Patienten erfährt, durch die direkte, gelebte Erfahrung einer Beziehung mit ihm. Wenn man in abstrakten Begriffen über die **Übertragung** spricht, ist das nur schwer zu vermitteln. Die Patientengeschichte ist nichts, was außerhalb des Sprechzimmers stattfindet und worüber berichtet wird; sie spielt sich auf sehr reale Weise in der Beziehung zum Therapeuten ab. Der Therapeut nimmt dabei die seltsame Position ein, sowohl in der Patientengeschichte zu sein als sie auch zu kommentieren, während sie sich entwickelt.

Man könnte es auch so beschreiben, dass die Geschichte sich im Verlauf der Sitzung verändert, etwa von – »Ich bin wütend auf meine Partnerin, die mich herablassend behandelt« – zu etwas wie – »Ich hasse es, mich abhängig von meiner Partnerin und meiner Therapeutin zu fühlen, ich fühle mich dadurch klein und elend, und wenn das zu viel wird, lasse ich es am Ende an ihnen aus.«

Man könnte das, was geschieht, als das Ersetzen einer Fiktion (die des Patienten) durch eine andere (die des Patienten und meiner Person) charakterisieren. Aber das klingt für mich nicht glaubhaft. Ich denke, dass dieser Patient, wie die meisten, seine Lebenserfahrung in gutem

Glauben zu mir brachte. Sie hatte keine Als-ob-Qualität an sich. Es war die Wahrheit, wie er sie erlebte, obwohl er genug Einsicht hatte, um zu wissen, dass es Aspekte bei den Vorgängen in seinem Leben gab, die er nicht verstand und die ihn und die ihm Nahestehenden leiden ließen. Ich meinerseits glaubte an meine Erfahrung der Beziehung mit dem Patienten und daran, was ich ihm über mein Verständnis der Vorgänge in seinem Bewusstsein zu sagen hatte.

Das Ziel der Psychoanalyse ist, dem Patienten zu helfen, Teile eines Rätsels auszufüllen, ihres Rätsels – das Rätsel, das ihr Bewusstsein ist. Wenn die Situation umfassender betrachtet wird und man durch eine geteilte, gelebte Erfahrung mit dem Patienten ein Verständnis für den Einfluss des Unbewussten auf die bewusste Erfahrung des Patienten entwickelt, dann ändert sich die Sicht auf die Situation – so unausweichlich, wie sich die Sicht auf einen kleinen Teil einer Szene ändert, manchmal dramatisch, wenn sich eine größere Perspektive eröffnet.

Ich würde gern glauben, dass an einem guten Tag der Verlauf einer therapeutischen Sitzung von einer subjektiven Teilwahrheit zu einer größeren subjektiven Wahrheit führt. Ich glaube nicht, dass die vollständige Wahrheit je erreicht werden kann.

◆ ◆ ◆

JMC – Obwohl ich mich, wie die meisten guterzogenen Leute heute, hüte, den unhöflichen Ausdruck »transzendente Wahrheit« zu benutzen, gestehe ich, dass ich privat weiter zwischen Dingen, die wirklich in der Vergangenheit geschehen sind, und Dingen, die nicht wirklich geschehen sind, unterscheide. Don Quijote hat nicht seine Lanze angelegt und einen Riesen angegriffen: Er hat eine Windmühle angegriffen, und wenn er sagt, er habe einen Riesen angegriffen, dann lügt er, oder um es zweckdienlicher auszudrücken, dann leidet er unter Wahnvorstellungen – dann erfindet er etwas, ohne sich bewusst zu sein, dass es eine Erfindung ist. Seine Erfindung ist vielleicht interessanter als die Realität, und vielleicht können wir (wie Sie sagen) Menschen wie Don Quijote besser helfen, ihre geistige Gesundheit wiederzuerlangen, wenn wir uns eine Weile auf ihre Geschichten einlassen und so tun, als hielten wir sie für wahr, was Sancho tut (der Quijote mag). Trotzdem würde ich mich weigern, Quijotes Geschichte vom Riesen als Wahrheit irgendeiner Art zu klassifizieren, zum Beispiel als poetische Wahrheit oder höhere Wahrheit oder transzendente Wahrheit oder subjektive Wahrheit. Ich würde es vorziehen, einen anderen Begriff zu finden, einen, der keine Verwirrung stiftet.

Natürlich sprechen Patienten, wenn sie über ihre Vergangenheit sprechen, nur einen kleinen Teil der Zeit über Ereignisse. Meist sprechen sie darüber, wie sie in der Vergangenheit gedacht oder gefühlt haben; wie sie in der Gegenwart darüber denken, wie sie in der Vergangenheit gedacht oder gefühlt haben; wie sie gedacht haben, was andere über sie gedacht haben; wie sie jetzt darüber denken, wie sie gedacht haben, was andere über sie gedacht haben und so weiter.

Es ist schwerer, sich Gedanken und Erinnerungen und Gefühle als Ereignisse vorzustellen, als eine Windmühle anzugreifen. Kann man denn zu rekonstruieren hoffen, was die Mutter des Patienten wirklich an dem Tag sagte, als sie die Geduld mit dem Sechsjährigen verlor, weil er die Katze in den Wäschetrockner gesteckt hatte, das sich unterscheidet von dem, was sie der Patient (als Sechsjähriger) sagen hörte und woran er sich heute als an das Gesagte erinnert, nämlich: »Du bist ein grausames und hartherziges Kind, das zu einem grausamen und hartherzigen Mann heranwachsen wird«? Ihre Äußerung war ganz sicher ein Ereignis, doch in der Praxis ist es unmöglich, es von der Interpretation zu trennen, die der Patient ihm viele Jahre später gegeben hat. Ich räume also ein, dass es die meiste Zeit ein vergebliches Bemühen des Therapeuten wäre, zwischen dem, was wirklich geschah, und dem, was der Patient glaubt, dass es geschehen ist, zu unterscheiden, und damit zwischen Ereignissen einerseits und Interpretationen von Ereignissen andererseits. Bei der Therapie ist, wie Sie sagen, das reale Geschehen das Geschehen, das zählt, das Geschehen, das sich im Sprechzimmer zwischen dem Patienten und dem Therapeuten abspielt.

Doch ich meine weiterhin, dass man einen Schritt zu

weit geht, wenn man praktisch zum Patienten sagt: »Sie haben eine Version der Vergangenheit konstruiert, die Sie unglücklich (dysfunktional) macht, wir wollen also zusammenarbeiten, um eine andere Version Ihrer Vergangenheit zu konstruieren, mit der Sie glücklicher sein werden und die Ihnen helfen wird, Ihr Leben normal weiterzuführen.«

Die Vergangenheit, individuell oder kollektiv, ist immer unerfreulicher und komplizierter als jeder Bericht, den wir von ihr liefern können. Wir erfinden einen Bericht über die Vergangenheit, damit wir die Vergangenheit wegpacken können und ihre Unerfreulichkeit uns nicht mehr beunruhigt. Für mich ist es jedoch eine Quelle der Hoffnung, dass Historiker es als ihre Berufung ansehen, alle soundsoviel Jahre den akzeptierten Bericht aus dem Regal zu holen und ihn noch einmal zu prüfen, ihn mit den Fakten abzugleichen, um zu sehen, ob er sich immer noch wie ein wahrer Bericht liest.

Historiker sind keine naiven Menschen. Viele von ihnen sind in der Lage, zwei sich widersprechende Überzeugungen auszubalancieren: dass jeder Bericht, den wir von der Vergangenheit liefern, sich schließlich als eine Geschichte entpuppt, die Art von Geschichte, die von einem Mann oder einer Frau unserer Tage rückblickend zu erwarten war; dass wir aber trotz des eben Gesagten nicht freie Hand haben, die Vergangenheit zu erfinden, wie wir es uns wünschen (oder wie unsere Zeit wünscht, dass wir es wünschen).

Mir scheint, dieselbe Art von doppeltem Bewusstsein sollte die therapeutische Praxis beeinflussen.

Was bindet den Historiker – oder den Therapeuten – an seine Aufgabe? Ich nehme an, es ist der aufrichtige Glaube an den Wert ihres Tuns. Man kann sich nicht mit ganzem Herzen einer Aufgabe widmen, wenn man nicht an ihren Wert glaubt. Daher würde ich das doppelte Bewusstsein, das ich zu beschreiben versucht habe, als tragisch bezeichnen: Man glaubt ernsthaft an die Wahrheit dessen, was man schreibt, und weiß gleichzeitig, dass es nicht die Wahrheit ist.

Im zweiten Teil des *Don Quijote* gibt es einen Moment, wo Quijote uns herausfordert. Er scheint aus der herrschenden Wahnvorstellung, dass er ein wirklicher fahrender Ritter ist, herauszutreten und sagt sinngemäß: Ich glaube (glaube ernsthaft) an den Kodex des Rittertums, ich handle nach meinem Glauben und werde dadurch zu einer besseren Person. Würdet ihr mich lieber so haben, wie ich früher war – ein verarmtes Mitglied des spanischen Adels, das auf seinem heruntergekommenen Gut ein kümmerliches Auskommen hat und auf den Tod wartet –, oder wie ich jetzt bin (wie ich jetzt zu sein scheine) – ein Beschützer der Armen und Elenden, ein Retter bedrängter Jungfrauen? Wenn ihr zugebt, dass mein Glaube mich zum Besseren wandelt, warum versucht ihr dann, meinen Glauben zu zerstören?

Natürlich sind Quijotes Gefährten selbst keine Anhänger des Quijote'schen Idealismus, wenigstens keine ernsthaften Anhänger. Sie sagen nicht: Wir, wir alle, schwören, nach unseren Idealen zu leben wie du. Sie sagen vielmehr: Es stellt sich heraus, dass die Welt ein lebendigerer, unterhaltsamerer Ort ist, wenn wenigstens einige von uns nach ihren Idealen leben (während wir Übrigen uns damit begnügen, zuzuschauen).

Ich bin sicher, dass mein stures Beharren, hier und in unseren früheren Gesprächen, auf der ethischen Dimension der Wahrheit gegenüber der Fiktion von meiner Erfahrung als weißer Südafrikaner herrührt, der spät im Leben zum weißen Australier wurde und zwischendurch jahrelang als Weißer in den Vereinigten Staaten gelebt hat, wo Weißsein als eine soziale Realität hintergründiger ist als in Südafrika oder Australien, aber immer noch existiert. Das heißt, ich habe als Mitglied einer Eroberergruppe gelebt, die sich lange Zeit mit unverhüllt rassistischen Begriffen definierte und glaubte, ihre Leistung bei der Besiedlung (»Zivilisierung«) eines fremden Landes sei etwas, worauf man stolz sein könne, die dann aber, während meiner Lebenszeit, aus Gründen von welthistorischer Natur, ihre Denkweise über sich und die eigenen Leistungen drastisch ändern musste und damit auch die Geschichte, die sie sich über sich selbst erzählte, das heißt, ihre Historie.

Australien ist in dieser Hinsicht besonders interessant. Grob zusammengefasst lautet die heute in Australien vorherrschende Geschichte so, dass frühere Generationen von weißen Siedlern unter dem Einfluss der schlimmen

Illusion handelten, dass sie wegen ihrer europäischen Abstammung besser als die indigenen Australier wären und deshalb das Recht hätten, sie zu unterwerfen und ihnen ihr Land wegzunehmen. Aber (so geht die Geschichte weiter) die Generationen weißer Australier, die nach dem Zweiten Weltkrieg erwachsen wurden, machten eine Art von Bewusstseinsentwicklung durch, aufgrund deren sie ein besseres und wahreres Verständnis davon haben, was wirklich seit 1788 in Australien geschehen ist, das heißt, sie haben eine bessere und wahrere Historie von sich entwickelt.

In dieser besseren und wahreren historischen Darstellung bleiben die weißen Australier heute die Erben und Nutznießer eines großen Verbrechens, begangen von ihren Ahnen, die Art von Verbrechen, die aufgeklärte Leute wie sie nie begehen würden, die aber ihre Ahnen, Sklaven einer falschen Auffassung von sich selbst und ihrer Rolle in der Weltgeschichte, ohne lähmende moralische Skrupel begehen konnten.

Wenn man die Geschichte des historischen Revisionismus aus den späten Jahren des zwanzigsten Jahrhunderts unter diesem Aspekt erzählt, wird eine Ambivalenz sichtbar, die die Menschen auf individuell psychischer Ebene trennen und jede Art von einfachem, glücklichem Leben unmöglich machen müsste. Meine Urgroßeltern waren Verbrecher (so lautet die revidierte Geschichte), die sich an einem bösen Vorhaben beteiligten, dessen Früchte ich gegenwärtig genieße. Doch gleichzeitig waren meine Urgroßeltern mutige, rechtschaffene Menschen, die Entbehrungen auf sich nahmen, damit ihre Nachkommen ein gutes Leben haben konnten.

Die Geschichte des historischen Revisionismus in Australien unterscheidet sich dem Ausmaß, doch nicht der Art nach von der Geschichte des historischen Revisionismus in Deutschland nach 1945. Unsere nicht so weit entfernten Vorfahren waren gute Menschen – so lautet die Geschichte –, doch sie waren Sklaven einer Illusion. Damit können wir unsere Vorfahren sehen, wie sie wirklich waren, und unsere Vergangenheit, wie sie wirklich war. In diesem sehr speziellen Sinn sind wir bessere Menschen als sie, oder zumindest freiere Menschen, und können uns von ihnen distanzieren.

Ich spreche auf einer Ebene der Verallgemeinerung, die die gröbsten Argumente liefert. Lassen Sie mich dennoch meinen groben Standpunkt deutlich machen: dass die fraglichen Siedlergesellschaften, die Siedlergesellschaften von heute, von Selbstzweifeln zerfressen sein sollten, es aber nicht sind. Sie – oder ihre redegewandteren Mitglieder – sagen das Folgende: (a) Unsere Vorfahren haben Böses getan, doch sie sind nicht verantwortlich, weil sie von falschen Überzeugungen und einem falschen Verständnis ihrer Rolle in der Geschichte beherrscht wurden; (b) wir haben aufgeklärtere Überzeugungen und ein aufgeklärteres Verständnis unserer Rolle in der Geschichte; und (c) falls im Verlaufe der Geschichte offenbar wird, dass wir selbst uns genauso grundlegend falsch eingeschätzt haben, wie es unsere Vorfahren getan haben, können wir daran nichts ändern, das ist die Natur der Geschichte, die einfach darin besteht, dass eine Erzählung die andere überholt und überschreibt; daher ist es das Beste, wenn wir unser Leben weiterführen, ohne uns groß zu sorgen.

Ich möchte die therapeutische Analogie nicht überstrapazieren, lassen Sie mich daher einfach fragen: Wenn eine Gesellschaft (abgesehen von ein paar regimekritischen Mitgliedern) entscheidet, dass sie nicht beunruhigt ist, wie kann ein Heilungsprozess überhaupt in Gang kommen?

◆◆◆

AK – Einverstanden, man kann sich einen Heilungsprozess auf einer gesellschaftlichen oder einer individuellen Ebene schwer vorstellen, wenn der vorherrschende Diskurs keine Beunruhigung zulässt. Ich würde auch annehmen, dass je entschiedener eine Gesellschaft das Bedürfnis hat, sich als über die Vergangenheit erhaben zu fühlen, und meint, frei von ihr und ganz anders zu sein, desto wahrscheinlicher steht sie unbewusst unter dem Einfluss der Geschichte.

Das gespaltene Bewusstsein in Australien, das Sie beschreiben, bei dem zwei überwiegend desintegrierte Bilder von den frühen Siedlern koexistieren, klingt für mich wie ein Rezept für kollektive Instabilität. (Wir haben natürlich etwas Ähnliches in England, was die Haltung zu unserer kolonialen Vergangenheit angeht.) Nach Ihrem Bericht stützt sich Australiens Vorstellung von sich als einer zivilisierten Gesellschaft offenbar auf eine idealisierte Version seiner Vergangenheit, eine Version, aus der Grausamkeit und Konflikt herausgeschnitten wurden. Das klingt nicht nach der Grundlage für ein glückliches, sicheres kollektives Leben, sondern nach einem sorgenvollen, wo jede Erfahrung des Wohlbefindens brüchig ist und schnell in eine besorgte Gemütslage umkippen kann, wenn man auf Erinnerungen und Erzählungen stößt, die nicht in das idealisierte Bild passen.

Sie haben vielleicht recht mit Ihrer Feststellung, dass der Gebrauch des Wortes Wahrheit im Kontext unserer Diskussion über Psychotherapie verwirrend ist, weil damit impliziert wird, dass Wahrheit etwas ist, das da draußen existiert, wie eine Tatsache, etwas, das zu jedem beliebigen Zeitpunkt besessen oder völlig verstanden werden kann. Ich habe überlegt, ob es hilfreicher wäre, sich auf die Vorstellung Authentizität und auf das Streben nach dem authentischen Leben zu beziehen, Begriffe aus der Existenzphilosophie, die das Ideal eines Lebens beschreiben, das durch eine freie Reaktion auf die Erfahrung, ein Individuum in der Welt zu sein, gelebt wird. Und doch zögere ich, die Idee einer subjektiven oder psychischen Wahrheit aufzugeben. Zunächst einmal glaube ich wirklich, dass die Menschen verstehen, was sie bedeutet – die allgemeine Anweisung, »sich selbst treu zu sein«, bringt die Botschaft recht gut herüber. Doch zweitens glaube ich, dass die Verwirrung – wenn es sie gibt – eine Bedeutung haben könnte.

Meiner Ansicht nach hat WAHRHEIT etwas Seltsames und Erstaunliches, was exakt einfängt, wie ich Entdeckung in der Psychoanalyse erfahren habe. Subjektive Wahrheit in der Psychoanalyse ist keinesfalls dasselbe wie äußere Wahrheit, und doch ist es etwas, mit dem man zusammenstößt, manchmal recht heftig und manchmal allmählicher, fast als stieße man mit einem äußeren Objekt oder einer äußeren Tatsache zusammen. Im Vergleich dazu klingt Authentizität wie etwas, das man erwerben oder auswählen kann. Es klingt wie die Wahl eines Lebensstils, eine ernsthafte und keine triviale Wahl des Lebensstils, aber dennoch eine Wahl, etwas Selbstbestimmtes.

Die Psychoanalytikerin Hanna Segal hat geschrieben, dass die psychoanalytische Wahrheit ein Prozess und keine Tatsache ist.[4] Sie hat die Natur des psychoanalytischen Bestrebens beschrieben, das darin besteht, dem Patienten zu helfen, sich besser zu verstehen, indem er offener für Erfahrung wird, und besonders für unbewusste Erfahrung, wie schwierig oder schmerzlich das sein mag; und das Ganze im Wissen darum, dass vollständige Offenheit nie erreicht werden kann, weil das psychische Leben seinem Wesen nach dynamisch und wandelbar ist und Abwehrprozesse in größerem oder geringerem Ausmaß immer ablaufen werden. Damit verbunden ist eine

Festlegung eher auf eine gewisse Art des Denkens und Seins als auf einen bestimmten im Voraus definierten Endpunkt, obwohl natürlich die starke Hoffnung und Erwartung existiert, dass der Prozess sowohl einen allgemeinen Nutzen für den Patienten als auch eine Verringerung seiner Symptome bringen wird. Paradox ist die Tatsache, dass der Patient zu viel Augenmerk auf ein Endziel richtet, zum Beispiel auf die Befreiung von einem gewissen Symptom, während es viel schwerer für ihn ist, sich der Aufgabe zu widmen, das eigene Bewusstsein auf freie und offene Weise zu erforschen und dadurch an den Punkt zu gelangen, wo das Symptom aufgegeben werden kann.

Doch ich halte es für sehr schwierig, irgendeine Form realer Begegnung mit unbewusster Erfahrung, von der Art, wie sie in bedeutsamen Momenten während der Psychotherapie geschieht, angemessen zu beschreiben, ohne die Metapher einer Begegnung mit einem Aspekt der äußeren Wahrheit, einem Objekt oder einer Tatsache, einem DING, zu gebrauchen. Wenn ein Patient bei der Erkenntnis von etwas Bedeutungsvollem, was vorher nicht bekannt war, ankommt, ist das, als sage er zu sich selbst: »Ah, jetzt sehe ich, dieser Aspekt der Dinge war immer da, ich kann es jetzt sehen, wo ich es vorher nicht konnte. Ich habe so lange damit gelebt, doch ich habe Möglichkeiten gefunden, dem auszuweichen oder es einfach nicht zu sehen, oder so zu tun, als sei es etwas anderes. Aber jetzt sehe ich es wirklich, so klar wie diesen Stuhl oder Tisch.«

Es ist, als gebe es einen Aspekt der inneren Situation, den das bewusste Ich vorher nicht wahrgenommen hat, zu dem der psychotherapeutische Prozess den Patienten hinführt und der dann im Bewusstsein vorhanden ist, wo er früher nicht war.

Eine Begegnung mit etwas, was vorher unbewusst war, kann man mit dem Vorgang vergleichen, wenn man auf etwas außerhalb seiner selbst stößt, obwohl es etwas ist, das im eigenen Bewusstsein geschieht, weil dieses Ding oder dieser Aspekt der Erfahrung vorher kein Teil des Selbst gewesen ist. Die Situation wird natürlich nicht so bleiben; das Gefundene hat nicht den Status einer Tatsache oder eines Objektes und wird einem Umgestalten und Uminterpretieren unterworfen sein, während das Leben weitergeht. Aber die Metapher dient noch immer dazu, die Art und Weise deutlich zu machen, in der etwas Wichtiges im Bewusstsein entdeckt, aufgedeckt oder wiederentdeckt wird.

Macht das die Angelegenheit etwas klarer oder trägt es nur zur Verwirrung bei?

SIEBEN

Authentizität gegenüber Aufrichtigkeit. Siedlergesellschaften und ihre rassistische und/oder von Genozid geprägte Vergangenheit (Fortsetzung). Mentale Strategien zur Leugnung von Schuld. Das heutige Australien und seine Behandlung von Asylsuchenden. Die Psychologie des doppelbödigen Denkens. D. H. Lawrence über Genozid, Schuld und die Wiederkehr des Verdrängten. Verdrängung auf der Ebene der gesellschaftlichen Psyche: Beispiele aus Australien. Isabel Menzies Lyth über die Entwicklung eines sozialen Abwehrsystems. Bewältigung widersprüchlicher historischer Berichte: Integration oder Spaltung?

Das Bewusstsein von Spaltungen im Individuum und in der Gesellschaft. Praktisches Beispiel: die forensische Krankenschwester, der es schwerfällt, den Abscheu über die früheren Taten des forensischen Patienten mit den sich entwickelnden menschlichen Sympathien zu vereinbaren. Wie die Struktur des Gesundheitswesens die Schwierigkeiten des Therapeuten verschärfen kann. Beispiel: ein Gesundheitsfürsorgesystem, dessen Abwehrstrategien in ihrer Logik dysfunktional sein können. Gruppenpsychologie: theoretische und praktische Pro-

bleme. Wilfred Bion über das Gruppenleben. Hindernisse für
das Denken als Gruppe, für die Selbstreflexion in der Gruppe.

JMC – Ich weiß nicht, ob ich das Wort *authentisch* ganz entsorgen würde, zumindest in seiner negativen Form. Eine
Handlung als inauthentisch zu bezeichnen, was bedeutet,
dass sie im Widerspruch zur tieferen Realität des Han-
delnden steht, scheint mir ein Merkmal des mentalen Lebens zu erfassen, das sich von Aufrichtigkeit unterscheidet: Man kann aufrichtig an das glauben, was man tut,
während ein aufmerksamer Außenstehender erkennt,
dass man auf einer gewissen Ebene eine Rolle spielt, dass
man seinem Tun nicht authentisch verpflichtet ist.

Ich vermute, dass das Wort *authentisch* gebräuchlicher
wurde, um genau das zu erfassen, was das Wort *sincere*
(aufrichtig) nicht erfasst – zumindest im Englischen (im
Französischen umfasst das Wort mehr als im Englischen).
Wenn das so ist, deutet das wiederum darauf hin, dass
das Phänomen einer Person, die in aller Aufrichtigkeit
eine Überzeugung hat, jedoch nicht mit ganzem Herzen
dieser Überzeugung dient, ziemlich neu ist.

Doch ich stimme zu, Authentizität zu praktizieren,
einer Ethik der Authentizität anzuhängen, das klingt
nach der Wahl eines Lebensstils. Authentisch sein schließt
ein, dass man lügen und stehlen und betrügen kann, solange man sich nicht selbst vormacht, dass man kein Lüg-

ner und Dieb und Betrüger ist. Als Gesellschaft räumen wir »authentischen« Charakteren dieser Art sehr viel Spielraum ein. Ich habe nie begriffen, warum. Die klassischen englischen Romanciers (zum Beispiel Fielding, Dickens) sind oft bereit, immoralisches Verhalten zu verzeihen, wenden sich aber ganz entschieden gegen Heuchelei, die Vorspiegelung von Tugend.

Sie vermuten, je mehr eine Gesellschaft glaubt, ihre Verbindungen zur Vergangenheit gekappt zu haben, desto wahrscheinlicher wird sie auf einer unbewussten Ebene unter dem Einfluss der Vergangenheit stehen. Da stimme ich Ihnen voll und ganz zu. Über dieses Thema könnte man Bücher schreiben. Aber das Kappen von Verbindungen zur Vergangenheit erfasst nicht ganz das, was ich über Südafrika und Australien zu sagen versucht habe. Seine Verbindungen zur Vergangenheit *wirklich* zu kappen ist eine logische Unmöglichkeit, denn es würde bedeuten, seine Abstammung und seine Vorfahren, die reinsten Repräsentanten der Vergangenheit, zu leugnen und eigentlich zu behaupten, neugeboren zu sein, aus dem Nichts heraus.

Worauf man tatsächlich trifft, zumindest in Australien, ist interessanter. Australier – sowohl diejenigen, die von früheren Siedlern abstammen (unter die ich unfreiwillige Siedler, das heißt Strafgefangene, rechne), als auch jene Immigranten, die als Akt des nationalen Bekenntnisses eine Art spirituelle oder angenommene Siedlerabstammung akzeptiert haben – leugnen ihre historischen Ahnen nicht. Im Gegenteil, sie sind stolz auf sie. Doch gleichzeitig schreiben sie diesen selben Vorfahren eine Brutalität und Grausamkeit gegenüber den Aborigine-Bewohnern des Landes zu, deren sie sich niemals schuldig machen würden.

Die Vorfahren, auf die ich mich beziehe, sind keineswegs zeitlich weit entfernt: Ein Australier mittleren Alters hat sehr wahrscheinlich Großeltern gehabt, deren Meinungen über farbige Menschen und deren Verhalten ihnen gegenüber mit dem vorherrschenden euphemistischen Ausdruck als unangemessen, das heißt unakzeptabel oder sogar abstoßend bezeichnet werden würden.

Wie vereinbaren dann gewöhnliche Australier Stolz auf ihre Abstammung mit der Ablehnung dessen, woran diese Vorfahren fest glaubten? Ein Teil der Antwort ist, dass sie das schaffen, indem sie den Begriff des Zeitgeistes beschwören. In den alten Zeiten, der Zeit der Vorfahren – so lautet die Zeitgeist-Geschichte – war Rassismus als eine Art Miasma in der Luft, das in alle Lungen drang. Indem unsere Vorfahren es ungewollt einatmeten, wurden sie nolens volens zu Rassisten; aber nicht zu Rassisten im wirklichen Sinn, wie Hitler (beispielsweise) ein Rassist war. Ihr Rassismus war kein aktiver, bewusster Rassismus. Sie fingen ihn sich ein, wie man sich die Grippe einfängt; er gehörte genauso wenig zu ihrem Wesen wie etwa die Grippe. Nach heutigen Maßstäben – den des heutigen Zeitgeistes – mögen unsere Vorfahren moralisch gestört erscheinen. Aber moralische Maßstäbe ändern und entwickeln sich mit der Zeit – das können wir nicht ändern (lautet die Fortsetzung der Geschichte). Wie uns unsere moralischen Maßstäbe heute gut erscheinen, erschienen ihnen zweifellos ihre moralischen Maßstäbe gut. Aus unserem Blickwinkel, innerhalb unseres Zeitgeistes, lehnen wir ihre Maßstäbe zwar zu Recht ab, doch es wäre unfair (ungerecht), unsere Vorfahren selbst, gefangen, wie sie waren, in ihrem eigenen Zeitgeist, dafür abzulehnen, dass sie Vertreter dieser Maßstäbe waren.

Ich habe mir vor kurzem eine Fernsehadaption einer der Erzählungen angeschaut, aus denen mein Buch *Elizabeth Costello* besteht. Elizabeth schaut sich in einer Versammlung um und fragt sich, wie es denn wahr sein kann, dass ihre Mitbürger einen dunklen Pakt geschlossen haben (dunkel in dem Sinn, dass seine Umsetzung vor der Öffentlichkeit abgeschirmt wird), Lebewesen zu schlachten und ihr Fleisch zu verschlingen. Kann die Wahrheit nicht eher lauten, dass mit ihr etwas nicht stimmt, dass sie auf irgendeine Weise von einem perversen Willen ergriffen wurde, Böses zu sehen, wo keines ist?

Elizabeth' Verfassung ist mir nur zu vertraut. Wie können meine guten, freundlichen Nachbarn von Menschen abstammen, die das Abschlachten anderer Lebewesen mit der Begründung rechtfertigten, sie seien keine vollwertigen Menschen? Wichtiger noch, wie kann ich selbst von solchen Menschen abstammen? Sollte die Wahrheit nicht eher sein, dass mit mir und meiner Denkweise etwas nicht stimmt, dass ich mich in übersensibler Weise zu akzeptieren weigere, dass Auffassungen von Gut und Böse sich mit der Zeit ändern, dass Moral das ist, worauf die Etymologie des Wortes hindeutet: einfach eine Reihe von Sitten (vom Lateinischen *mos, moris*), von Bräuchen? Bin ich nicht einfach nur morbid?

Ich schreibe nicht in kühler, wissenschaftlicher Verfassung, sondern im Banne des Gefühls. Insbesondere schreibe ich unter dem Eindruck einer Entscheidung des australischen Parlaments, seine Gesetze für Asylsuchende zu ändern. Mit der drakonischen Strafe unbegrenzter Inhaftierung auf einer unwirtlichen Insel drohen die neuen Gesetze den Menschen, die nicht die vorgeschriebene Prozedur der Beantragung von Asyl einhalten – nämlich, in einem Flüchtlingszentrum irgendwo im Ausland ein Formular auszufüllen und ihren Platz in einer langen Warteschlange einzunehmen – und sich stattdessen entschließen, einem zweifelhaften Schmuggler eine beträchtliche Summe zu zahlen, damit er sie so nahe wie möglich an das australische Festland bringt.

Die Strafe steht absichtlich und explizit in keinem Verhältnis zur Straftat, weil sie von der Praxis des Asylsuchens durch »illegale« (genauer, nicht verfahrensrechtliche) Methoden abschrecken soll. Die Nachricht vom neuen, hartherzigen Herangehen soll sich bis nach Afghanistan und Sri Lanka und in andere Länder, aus denen die Menschen fliehen, herumsprechen und signalisieren, dass sich der Versuch, die »illegale« Route zu benutzen, nicht lohnt, dass es für sie besser ist, wenn sie daheimbleiben.

Mit größter Gewissheit kann man voraussagen, dass die australischen Schulkinder in ein oder zwei Generationen in ihren Geschichtsbüchern lesen werden, dass ihre Vorfahren im frühen 21. Jahrhundert alle Mittel ausprobierten, koste es, was es wolle, um die Flut der asiatischen Einwanderer nach Australien zu stoppen, und sich allgemein in unangemessener (das heißt unmenschlicher) Art benahmen. Zum Glück hat sich der Zeitgeist geändert, wird weiter in ihren Geschichtsbüchern zu lesen sein, und eine aufgeklärtere Haltung setzte sich durch. Daher sollten wir nicht allzu schnell unsere Vorfahren verdammen, wird die Lektion schließen: Sie waren schlicht Kinder ihrer Zeit.

Die rhetorische Strategie dieses imaginären Geschichtsbuchs ist die gleiche Strategie, die wir heute benutzen: Wir begrenzen die moralischen Fähigkeiten unserer Vorfahren und machen sie damit eigentlich zu den Unterentwickelten, den Unaufgeklärten, den Kindern, während wir zu den Erwachsenen werden.

Was ich als moralische Kritik an einer Strategie des doppelbödigen Denkens damit sage, ist mehr oder weniger klar. Allerdings fällt es mir schwer, der Strategie einen psychologischen Rahmen zu geben. Die Strategie muss eine psychologische Dimension haben, denn sie funktioniert als Selbsttäuschung – sie erlaubt uns, unsere gute Meinung von uns selbst aufrechtzuerhalten, ohne uns völlig von der Vergangenheit loszulösen. Bis zu einem gewissen Grad folgt sie dem Konzept des trivialen Familienromans: Diese unmöglichen Leute sind nicht meine Eltern, meine wahren Eltern sind viel netter (vorzeigbarer). Aber weiter als bis dahin bin ich nicht gelangt. Vielleicht ist es immer falsch, Merkmale der individuellen Psychologie auf die Psychologie des Kollektivs übertragen zu wollen.

Können Sie weiterhelfen?

♦ ♦ ♦

AK – Die Vorstellung, aus dem Nichts geboren worden zu sein, ohne Herkunft oder Geschichte zu sein, mag ja eine logische Unmöglichkeit sein, doch es ist keine psychische Unmöglichkeit.

Was Sie für die australische Gesellschaft beschreiben, ist eine gespaltene Betrachtung der Art und Weise, wie sich die Siedler-Vorfahren den Aborigines gegenüber benommen haben. Da existiert die eine Version, in der ein wohlwollendes, idealisiertes Bild der Siedler vorherrscht, das sie als edle Pioniere zeigt, die sich nur so benahmen, wie sie es taten (wenn man dieser Version folgt, drückt man sich automatisch euphemistisch aus), weil das damals eben so üblich war; weil sie, anders ausgedrückt, Produkte ihrer Zeit waren. Das Wissen um eine andere Version, eine, in der die weißen Siedler den Aborigines unvorstellbare, schreckliche Grausamkeiten und großes Leid zufügten, ist abgespalten und bleibt für das öffentliche Bewusstsein relativ unzugänglich. Die Wahrheit, wie ich sie sehe, wohnt nicht in der einen oder der anderen Version, sondern in einer gewissen Kombination der beiden.

Bei einer solchen Aufspaltung ist es üblich, dass die meisten Mitglieder die meiste Zeit an der vorherrschenden, wohlwollenden Meinung über ihre Vorfahren festhalten, dass aber eine Minderheit übrig bleibt, die sich auf morbide Weise ständig mit einer anderen, verstörenderen Version beschäftigt. Wenn sich die Beurteilung einer Sache, die für eine soziale Gruppe wirklich wichtig ist, so aufspaltet, produziert das meiner Meinung nach Subversion oder eine Untergrundbewegung.

Der Zweck der Aufspaltung ist, wie Sie sagen, eine Verbindung zur Vergangenheit aufrechtzuerhalten; aber eine Verbindung eines bestimmten, ziemlich unerwünschten Typs. Diese idealisierte Verbindung, die sich natürlich auf eine Identifikation mit den eher positiven Seiten der Vorfahren stützt, weicht der Notwendigkeit aus, dass sich die jetzt Lebenden umfassender und genauer mit den eher düsteren und negativen Aspekten ihrer Geschichte befassen müssen. Es ist nicht verwunderlich, dass Sie mich daran erinnern müssen, vor wie kurzem diese Ereignisse stattgefunden haben, weil es einem vorkommt, als seien sie in die Seiten eines verstaubten Geschichtsbuches gepackt worden, in geschichtlichem Abstand von der Gegenwart.

Das Problem wird in Ihrem Bericht über die kürzliche Entwicklung beim Einwanderungsgesetz in Australien dargelegt. Wenn die Geschichtskenntnis einer gesellschaftlichen Gruppe davon abhängt, dass man unangenehme Aspekte wegretuschiert – in diesem Fall ist darunter eine weitverbreitete, grausame und inhumane Missachtung eines anderen Volkes, mit dem man ein Territorium zu teilen versucht –, dann wird man kein Schlüsselproblem in der Gegenwart konstruktiv angehen. Das ist kein auf die Geschichte beschränktes Problem, sondern begleitet unsere Spezies permanent, und konzentriert sich auf die Frage, wie wir die Ressourcen unseres Planeten angesichts einer rasch wachsenden Weltbevölkerung, menschlicher Konflikte und Naturkatastrophen teilen. Man könnte wirklich sagen, dass hart daran gearbeitet wird, das Problem nicht konstruktiv anzugehen, und als Konsequenz ist die Wahrscheinlichkeit der Wiederholung, von neuerlicher Grausamkeit und Unmenschlichkeit, hoch.

Ich möchte mich nun einem viel bescheideneren Beispiel aus meiner Arbeit zuwenden, um die Angelegenheit weiter zu erforschen. Vor zehn Jahren habe ich eine Reihe von Interviews mit Personal, das in forensisch-psychiatrischen Kliniken arbeitet, durchgeführt, um die Auswirkung von Arbeit in einem herausfordernden und komplexen Umfeld zu erforschen und besser zu verstehen. Dieses Personal arbeitete eng mit männlichen Straftätern mit der Diagnose Persönlichkeitsstörung zusammen – Männer, die langfristige und schwerwiegende psychologische Probleme hatten und die ziemlich schreckliche Verbrechen begangen hatten, meist sexueller oder gewalttätiger Natur.

Die Interviews zeigten deutlich, wie gespalten die Ansichten des Personals von den forensischen Patienten waren, wie schwierig man es fand, den Patienten mit dem Straftäter zusammenzudenken: Der verletzliche Mann, der Mitgefühl, besorgte Gedanken und oft Zuneigung einflößte, mit dem Mann, der verletzlichen Menschen schreckliche Dinge angetan hatte. Sie beschrieben voller Qual, wie schwer es war, diese gespaltenen Gefühle in Einklang zu bringen, und wie es sich anfühlte, mit diesem doppelten Bewusstsein zu leben. Eine Krankenschwester versucht, das in folgende Worte zu fassen:

Manchmal denke ich, ich sollte weniger energisch mit ihm umgehen, weil er wie jemand wirkt, der sehr verletzlich und schwach ist … und ständig denkt man: »Du erzählst mir also, du wärst kein zorniger Mensch, du sitzt hier passiv rum, aber du hast einen Menschen auf äußerst brutale Weise getötet«, und in deinem Bewusstsein widerspricht sich alles: die Verhaltensweisen, die du beobachtest … wenn man weiß, was sie wirklich getan haben, wie brutal ihre Straftaten sein können und wie sie sich dir jetzt präsentieren … es war fast, als spiele man ein Spiel, in der Abteilung wirkt nichts wirklich.

Die Aufgabe der Rehabilitation ist natürlich, die Dinge einzuschätzen – den forensischen Patienten zu verstehen helfen, wie ihre tiefsitzenden Beziehungsprobleme, ihr Umgang mit den eigenen Traumata und der eigenen Verletzlichkeit sie dazu gebracht haben, andere Menschen zu Opfern zu machen. Um Patienten dabei zu helfen, muss das Personal in der Lage sein, ein Gleiches zu tun: Sie müssen in der Lage sein, das umfassendere Bild, den Zusammenhang zwischen Opfer und Täter in der Person, die sie vor sich haben, wirklich zu verstehen.

Meine Forschung hat mich davon überzeugt, dass die Organisationsform des Gesundheitswesens in Großbritannien für diese spezielle Patientengruppe, die Isolation dieser Abteilungen wie auch die interne Struktur, das einfache Personal in eine undankbare Position bringt. Die Schwierigkeit des Personals, seine widersprüchlichen Ansichten über die Patienten miteinander zu vereinbaren, war am besten zu begreifen, nicht etwa als ein vom Patienten oder ein vom Personal ausgehendes Problem, sondern als entstanden durch das Zusammenwirken einer schwierigen menschlichen Aufgabe und einer wenig Rückhalt bietenden und verständnislosen Umgebung. Als Beispiel dafür sprach das Personal davon, wie isoliert man war, sowohl in der Gesellschaft (man spürte eine vorherrschend feindliche Haltung gegenüber den Patienten und dem Pflegepersonal) als auch in der weiteren Krankenhauswelt, und wie sehr man demzufolge auf das eigene kleine, eng verbundene Team angewiesen war. Das bedeutete, dass man sehr zögerte, Kollegen darauf hinzuweisen, wenn eine Beziehung zu einem Patienten zu eng oder in gewisser Hinsicht zu negativ wurde, obwohl man sehr gut wusste, wie wichtig das sein konnte.

Dieses Personal fühlte sich in mentaler und physischer Hinsicht von der Gesellschaft isoliert, hinter verschlossenen Türen mit einer kleinen Gruppe von Kollegen und Patienten zusammengewürfelt. Kein Wunder, dass Beziehungen intensiv und klaustrophobisch werden konnten, kein Wunder, dass es für dieses Pflegepersonal so schwer war, zu einer korrekten Einschätzung der menschlichen und therapeutischen Seite ihrer Situation zu gelangen.

Eine solche soziale Situation, bei der die Dinge zu einem gewissen Zeitpunkt in einem Schutzmodus organisiert sind (in diesem Fall zum Schutz der Allgemeinheit vor Menschen, die ihr Angst machen), was aber letztlich eine wichtige Aufgabe behindert (die Reduzierung des Rückfallrisikos für diese Menschen), ist symptomatisch für das, was Isabel Menzies Lyth ein **soziales Abwehrsystem** nannte.[5] Das System entwickelt ein Eigenleben, angesichts dessen sich die einzelnen Menschen schließlich recht machtlos fühlen. Sie können sich wünschen, ein umfassenderes, einheitlicheres Verständnis zu erreichen, um ihre Gesellschaft besser und inklusiver zu machen, aber die Regelung der Dinge, die Vorschriften, die Verfahrensweisen, die Art von Beziehungen, die möglich sind, sprechen stark dagegen.

Sind diese Ideen in irgendeiner Weise relevant für die Situation in Australien, die Sie beschreiben?

♦ ♦ ♦

JMC – Ich will rasch klarstellen, dass ich meine Bemerkungen über koloniale Genozide nicht auf Australien beschränken möchte – ganz und gar nicht.

Ihre Kommentare zu gespaltenen Reaktionen – gleichzeitig bestätigend und zurückweisend – lassen mich daran denken, was D. H. Lawrence über Kolonisation und ihre psychischen Folgen zu sagen hatte.[6] In einem Essay von 1923 über den Romanautor James Fenimore Cooper äußert sich Lawrence sinngemäß: Die Azteken und Inkas sind vernichtet worden, die Eskimos und Patagonier und »Indianer« sind auf eine beherrschbare Anzahl reduziert worden und werden die Gebiete, die ihnen einst gehörten, nie zurückbekommen. Solange die »Indianer« ein glaubhafter Feind waren, waren die Siedler immun gegen »den Dämon von Amerika«. Doch jetzt, wo die letzten Kerne indianischen Lebens zerstört sind, werden die Nachfahren der kolonialen Eroberer mit diesem Dämon und der vollen Kraft seines psychischen Angriffs rechnen müssen.

Als Prophet überzeugt mich Lawrence (hier) nicht: Die USA werden ja vielleicht von ihrer Sklavenhalter-Vergangenheit heimgesucht, doch ich sehe wenig Anzeichen eines Schuldbewusstseins bei den Amerikanern, weil das Land, auf dem sie siedeln, gestohlenes Land ist. An Lawrence' Kommentaren interessiert mich ihr diagnostischer Aspekt: dass die ursprünglichen Besitzer des Landes, wenn sie erst einmal ausgerottet oder zur Bedeutungslosigkeit verdammt wurden, (sozusagen) als eine bösartige innere Kraft in die Psyche des Eroberers eindringen und Besitz von ihr ergreifen, in einer buchstäblichen Wiederkehr des Verdrängten. Wie Lawrence es sieht, gibt es also zwei Phasen der kolonialen Eroberung. In der ersten Phase wird der Ureinwohner auf unmissverständliche Weise als der Feind behandelt, der gejagt und getötet werden muss. In der zweiten (und vermutlich von Schuldgefühlen heimgesuchten) Phase dringt der Geist-Dämon des ausgerotteten Ureinwohners in die koloniale Psyche ein, die sich dann spaltet und mit sich selbst Krieg führt.

Es gibt, wie mir scheint, aus methodischer Sicht einen breiten Graben zu überbrücken zwischen den Prozessen der Verdrängung und Spaltung in der individuellen Psyche und ähnlichen Prozessen im Kollektiv (ich zögere, »kollektives Bewusstsein« oder »kollektive Psyche« zu benutzen, weil solche Konzepte ernsthaft in Frage gestellt wurden). Doch ich glaube, wenn man die psychoanalytische Einsicht lediglich als Metapher benutzt, ohne so zu tun, als führe man eine tatsächliche Psychoanalyse durch, dann kann man viel damit erreichen, wenn man über eine Gesellschaft nachdenkt, die, zumindest im öffentlichen Diskurs, ihr Möglichstes tut, Themen zu vermeiden, die sie unbequem findet, und ihr Möglichstes tut, Menschen, die diese Themen aus der Vergangenheit ans Licht holen, mit Sanktionen zu belegen oder zum Schweigen zu bringen.

Daher ist es heute schwierig geworden, in einem Land wie Australien die einfache Frage zu stellen, ob Menschen – nämlich unsere Vorfahren –, die Schlechtes taten, selbst schlechte Menschen waren, um ein allzu simples Beispiel anzuführen. Die Reaktion der Allgemeinheit, oder die ihrer Sprecher, tendiert zu einer gewissen Ausführlichkeit: (a) Es ist wichtig, sich zu den Fehlern der Vergangenheit zu bekennen und sich sogar (b) dafür zu entschuldigen; doch gleichzeitig sollten wir (c) nicht bei der Vergangenheit verweilen, sondern (d) vorwärts gehen. Eine anspruchsvollere Version derselben Reaktion könnte uns sogar auf Freuds Ausführungen zu Trauer und Melancholie verweisen: Es ist richtig und gut, die tragischen Geschehnisse unserer Geschichte zu betrauern, doch Kummer und Bedauern und Schuldgefühle, die normale menschliche Reaktionen auf solche Ereignisse sind, müssen dennoch aufgearbeitet werden, andernfalls bleiben wir stecken in einer unproduktiven Melancholie.

Der australischen Reaktion ist vielleicht sogar eine Spur Ungeduld und Verärgerung beigemischt: Warum kommen diese Menschen (das heißt, die Aborigines) immer wieder auf die Vergangenheit und das Unrecht, das ihnen angetan wurde, zurück? Die Vergangenheit ist vergangen, wir können sie nicht ändern, warum reißen sie sich also nicht zusammen und leben ihr Leben?

Auf Ihren Rat hin habe ich mir den Essay von Isabel Menzies Lyth über Krankenschwestern und -pfleger vorgenommen und fand ihn faszinierend. Ich habe zwar nie in einem Krankenhaus gearbeitet, doch ich habe in Organisationen (Büros, Lehranstalten, sogar kurz in einem

Gymnasium) gearbeitet, wo mich überrascht hat, wie **regressiv** die Kultur des Kollektivs war und wie primitiv die auf der Gemeinschaftsebene eine Rolle spielenden Leidenschaften sein können – im Kontrast zur Reife und Kultiviertheit der einzelnen Mitglieder. (»Kultur« ist kein Begriff, den Sie oder Menzies Lyth benutzen, doch er scheint inzwischen allgemein gebräuchlich.)

Ich verstehe sehr wohl, wie die Arbeit mit Straftätern – die Sie in forensischen Kliniken geleistet haben – oder die Pflege von Patienten in regulären Krankenhäusern zu einem hohen Level unbewusster Ängste führen und das Errichten von Abwehrmechanismen der von Ihnen und Menzies Lyth beschriebenen Art provozieren kann. Der Punkt, auf den ich mich jedoch konzentrieren möchte, ist die geheime Absprache, die es gestattet, dass die Abwehrmechanismen von Individuen in ein Gruppen-Abwehrsystem eingegliedert werden, das dann seinen eigenen Apparat von Sanktionen entwickelt, um mit Neulingen fertig zu werden, die sich nicht anschließen – die, um Menzies Lyth' Begriff zu verwenden, das Abwehrsystem nicht **introjizieren**.

Menzies Lyth schreibt über die »insgeheim verabredete Interaktion zwischen Individuen, um relevante Elemente des psychischen Abwehrsystems zu projizieren und zu konkretisieren«. Ich versuche mir vorzustellen, wie diese geheime Absprache vor sich gehen könnte. Könnte zum Beispiel ein Führer auftreten, der einen Präzedenzfall schafft und auf die anderen Druck ausübt, dem Präzedenzfall zu folgen; oder könnte der Prozess intuitiver sein, ähnlicher dem, was wir vorsichtig das Funktionieren einer kollektiven Psyche nennen könnten?

Diese geheimen Interaktionen finden jedoch statt, und ich denke, es ist wichtig, ihre Entwicklung und ihr Wirken zu schildern. Ich weiß nicht, ob die Verbreitung von guten Nachrichten auf eine Weise geschieht, die auf geheim abgesprochenes Interagieren hinausläuft; doch wenn bösartige Gerüchte verbreitet werden, sagt mir meine Intuition, dass das häufig durch geheim abgesprochenes Interagieren geschieht. Man braucht bloß an den Schulhof zu denken, und wie ein bestimmtes Kind auf mysteriöse Weise zum Objekt der Ausgrenzung wird. Ich vermute, Menzies Lyth würde sagen, dass geheim abgesprochenes Interagieren nur auf die Verbreitung des Bösartigen zutrifft, weil der Prozess dem Wesen nach regressiv ist (und das erklärt vielleicht, warum einem Gruppen primitiver vorkommen als die Individuen, aus denen sie bestehen).

Ich würde eine empirische Studie einer Gruppenregression begrüßen: Wie ein Abwehrsystem in einer Institution wie einem Krankenhaus oder einem Gesundheitsdienst entsteht und sich entwickelt, wie seine Normen neuen Gruppenmitgliedern oktroyiert oder von diesen aufgenommen werden. Es gibt Romanautoren, die das Wirken von Klatsch sehr gut beschreiben – wie er seine Opfer aus der Gesellschaft ausschließt und wie schwer es ist, gegen den Strom zu schwimmen. Jane Austen ist eine solche Autorin, Patrick White ein anderer Autor.

Die römischen Dichter sahen Klatsch oder die öffentliche Meinung als eine übernatürliche oder wenigstens unheimliche Kraft unter dem Namen *fama*.

Um es zusammenzufassen: Ich würde gern wissen, wie man auf der theoretischen Ebene vom Individuum zur Gruppe kommt – wie man von der individuellen Psyche zur Gruppenpsyche verallgemeinern würde. Ist es sinnvoll, von einer Gruppenpsyche zu sprechen, oder sollte man sich besser darauf beschränken, von einer Reihe von Praktiken zu sprechen, die von einer Gruppe angewandt werden, unterstützt von individuellen psychischen Prozessen, die irgendwie zusammenarbeiten?

In diesem Zusammenhang möchte ich Ihren Vorschlag in Zweifel ziehen, dass man, wenn man mit zwei widersprüchlichen Urteilen über Ereignisse in der Vergangenheit konfrontiert wird (zum Beispiel dass die Besiedlung Australiens ein guter Prozess war, dass die Besiedlung Australiens eine grausame Angelegenheit war), sich um »eine Art Integration der beiden« bemühen sollte. Es gibt solche und solche Integration. Wenn die beiden Aussagen wirklich widersprüchlich sind – und natürlich wenn man emotional beteiligt ist –, kann es keine überbrückende Interpretation geben, die den Widerspruch löscht – kein Braun sozusagen, das weder Rot noch Grün ist, sondern aus dem Zusammenmischen von Rot und Grün entsteht. Integration muss möglich sein – wir wären sonst alle halbverrückte, gespaltene Kreaturen –, doch wie man sie erreicht und zur »Wahrheit« kommt, kann ich nicht recht erkennen. Alles, was ich im Moment sehe, sind der Säugling und die Brust. Die Brust ist gut, die Brust ist böse: zwei widersprüchliche Urteile. Wie kann sie gut und böse gleichzeitig sein? Wie lautet hier die Wahrheit? Beginnt nicht hier die Spaltung?

◆ ◆ ◆

AK – Sie möchten wissen, wie man von einer Psychologie des Individuums zu einer Psychologie der Gruppe kommt. Es erscheint logisch, auf der Ebene des Individuums zu beginnen und sich aufwärts zu arbeiten, aber ich bin mir nicht sicher, dass dies das fruchtbarste Herangehen ist. Vielleicht ist es besser, von Erfahrungen des Gruppenlebens auszugehen, von seinen besonderen Eigenschaften und Produkten – obwohl das extrem schwierig ist. Der Grund dafür ist meiner Meinung nach, dass man es als Individuum nicht befriedigend tun kann; oder man hat zumindest mit dem Problem zu kämpfen, wie ein individueller Kopf eine Vielzahl von Köpfen oder eine Gruppen-Einheit verstehen soll. Wir sind alle Mitglieder von Gruppen und haben Erfahrungen mit der Gruppensituation. Aber wir können per Definition nur als Individuen, als kleiner Teil eines Ganzen, etwas über sie wissen.

Isabel Menzies Lyth schrieb, dass es eine Gruppe braucht, um eine Gruppe zu studieren.[7] Ich verstehe das so, dass wir als Individuen dazu neigen, uns ziemlich stark mit anderen Individuen zu identifizieren, und dass das Nachdenken über die Komplexität des Gruppenlebens eher möglich ist, wenn sich Köpfe zusammentun, um diese Frage zu bearbeiten und es eine Anzahl von Identifikationen gibt, die man heranziehen kann.

Die Psychologie von Gruppen ist Ihnen wichtig, und ich könnte mir denken, eine der Gründe dafür ist, dass Sie in der Apartheid-Ära in Südafrika aufgewachsen sind und die Konsequenzen einer umfassenden Gruppenregression aus erster Hand erlebt haben. Ich bin dagegen in relativem Frieden und stabilen Verhältnissen in Großbritannien aufgewachsen. Ich wurde nicht während eines der beschämenderen Kapitel der britischen Geschichte geboren. (Obwohl ich jetzt, in dieser brutalen Ära des Hochkapitalismus, manchmal denke, dass ein stummer Bürgerkrieg stattfindet, ein Krieg, in dem Profit und individuelle Gier entschlossen gegen soziale und kommunale Werte ankämpfen.)

Mein Interesse am Gruppenleben rührt von der Arbeit in forensischen Krankenhäusern her, wo ich wiederholt gutwilliges und gutausgebildetes Personal bei gedankenlosem und inhumanem Umgang mit Patienten beobachten konnte. Die Kultur dort war auch bedrückend; in einem der Krankenhäuser, in denen ich gearbeitet habe, herrschte eine übermächtige Atmosphäre, und man bekam den starken Eindruck, dass man seine persönliche, nicht-berufliche Identität an den verschlossenen Toren der Institution zurückließ, um eins mit der Gruppe zu werden. Das Personal genoss dieses Gefühl der Kapitulation, der Befreiung vom Selbst, und fand es gleichzeitig beunruhigend.

Beim Kurs in klinischer Psychologie helfe ich Praktikanten, sich über die Organisationskulturen im staatlichen Gesundheitswesen von Großbritannien zu informieren, und ich habe dafür eine Gruppenlernaufgabe entwickelt. Die Teilnehmer führen stundenlange detaillierte Beobachtungen in verschiedenen Bereichen des örtlichen Gesundheitsdienstes durch (das sind fast immer Beobachtungen von Personal und Patientengruppen) und bringen das Beobachtungsmaterial dann zu einer Betreuungsgruppe, die ihnen bei der Auswertung helfen soll. Sie werden aufgefordert, sich das, was sie beobachtet haben, noch einmal anzusehen und sich für alles zu interessieren, was um sie herum vor sich geht, und dabei ihren eigenen Reaktionen auf die Situation und ihren Gefühlen während der Beobachtungsstunde besondere Aufmerksamkeit zu widmen.

Unsere Betreuungsgruppe kommt nur viermal zusammen, während bei der psychoanalytischen Ausbildung solche Gruppen zwei Jahre lang zusammenkommen. Es ist immer noch faszinierend zu sehen, wie die Praktikanten der klinischen Psychologie die Betreuungsgruppen nutzen, um ihr Verständnis für das, was in einer speziellen Abteilung oder Einrichtung geschieht, zu erweitern, und wie sie dabei von einer Position des Sympathisierens mit einer bestimmten Untergruppe oder einem Individuum zu einer Beschäftigung mit einer größeren sozialen

Dynamik übergehen. Ein typisches Verhaltensmuster für die Praktikanten ist die Parteinahme für die Patienten und gegen das Personal, weil sie die mangelnde Fürsorge und das fehlende Mitgefühl schockiert, was sie in unterbesetzten und ungenügend ausgestatteten Abteilungen erleben. Die Diskussion in der Gruppe eröffnet einen neuen Blick auf die Dinge: Einer fängt an, tiefer darüber nachzudenken, wie das Leben für das Personal in der Abteilung beschaffen ist oder für eine bestimmte Person, die auf irgendeine Weise ihre Aufmerksamkeit erregt hat, und sie verbinden das mit ihrer eigenen Erfahrung bei der Arbeit in einer ähnlichen Abteilung. Gestalten, die zuerst zweidimensional erschienen, erhalten nach und nach eine dritte Dimension, und die Praktikanten kehren mit einer veränderten Denkweise zu einer zweiten Beobachtung zurück.

Ich nehme an, dass man, um einen Aspekt der Gruppenkultur zu verstehen, über Identifikationen mit Individuen hinausgehen und beobachten muss, was auf Gruppenebene geschieht, dass man Worte finden muss für die Art von Gruppe, an der man interessiert ist, für ihre Zielsetzung (die ist oft unklar und durch ein falsches Zielverständnis verdeckt) und für die auszufechtenden Kämpfe. Es müssen Begriffe gefunden werden, um zu beschreiben, was beobachtet wird, und ich glaube, wir haben – mit Bestimmtheit in der angelsächsischen Welt – eine weit weniger entwickelte Sprache für Gruppenerfahrungen als für die Erfahrungen des Individuums.

Die Ansicht von Wilfred Bion war, dass Gruppen ihr eigenes Leben und ihre eigene Dynamik haben, und das sollte nicht auf die Begriffe einer Individualpsychologie reduziert werden. Er äußert sich sehr amüsant über das Thema in den Schriften, die in seinem Band »Erfahrungen in Gruppen«[8] gesammelt sind. Er schreibt über das erste Treffen einer Gruppe, die zu »übernehmen« ihm angetragen wurde. Das Ziel dieser Gruppe war es, etwas über das Gruppenleben zu lernen. Er beschreibt, wie irrelevant, seltsam und absurd seine Bemerkungen darüber, wie er als potentieller Führer der Gruppe behandelt wird, auf die einzelnen Gruppenmitglieder wirken. Aber er vermittelt trotzdem nachdrücklich das starke und wirre Verlangen nach einem Führer, das vonseiten der Gruppe auf ihn projiziert wird, ehe die Gruppe noch eine vage Idee davon hat, was sie da tut und wie sie es bewerkstelligen könnte.

Einer der Gründe, warum Gruppenverhalten so außer Kontrolle geraten kann, warum Gruppendynamik so mächtig und zerstörerisch sein kann, besteht darin, dass es so schwer ist, als Gruppe vernünftig zu denken. Für eine Gruppe stellt es eine beträchtliche Leistung dar, über sich selbst als Gruppe zu reflektieren. Eine Gruppe oder Gesellschaft, die einen Weg finden will, ihre Funktionsweise zu betrachten, die etwas über sich selbst erfahren will, muss zuerst eine Art von Zustimmung dafür bei ihren Mitgliedern erreichen und dann über Strukturen und Prozeduren entscheiden und sie entwickeln, um Reflexionsarbeit zu unterstützen. Man erlebt immer wieder, dass Gruppen das auf mutige Weise zu tun versuchen, aber Opfer eines erneuten problematischen Verhaltens werden. Die extrem hierarchische Gruppe hält ein Treffen nach dem anderen ab, auf dem Handlangern einfach gesagt wird, was sie zu tun haben, die Gruppe, in der Leiter und Personal nicht miteinander reden, vereinbart eine Zusammenkunft, doch getrennt. Mit anderen Worten, die Koordination des Nachdenkens über eine Gruppe ist eine Aufgabe für sich.

Ein Individuum hat nur mit sich selbst zu tun – und das kann natürlich schwierig genug sein!

ACHT

Gruppenerlebnisse: Musik, Fußball, ekstatische Religion. Ge-
teiltes »Wissen« innerhalb der Gruppe. Theoretische Probleme
beim Gruppendenken. Das Individuum gegenüber der Gruppe:
persönliche Erfahrung in Südafrika. Nationalismus als regres-
sive Gruppenerfahrung. Bion über Gruppendenken. Eugène
Marais über die kollektive Seele. Die Erfahrung, in eine große
(ausgedehnte) Familie hineingeboren zu sein. Das Wesen
der Gruppenaktivität, in der Vergangenheit und heute. Grup-
penarbeit und Entfremdung. Freiwillige gegen unfreiwillige
Gruppenmitgliedschaft. Schulklassen als Gruppen. Regressi-
ves Verhalten im Klassenzimmer. Kinderbanden.

Positive, nicht-regressive Aspekte des Nationalgefühls. Die
Gruppenmentalität verstehen. Wie das Neugeborene die Gruppe
erlebt. Die Familientriade als grundlegende Gruppe. Der staat-
liche Gesundheitsdienst als kollektive Bemühung. Entfrem-
dung im heutigen Gesundheitswesen. Die Familie als Übungs-
platz für Erfolg in der Gruppe. Ödipale Entwicklung. Die
depressive Position (Klein), wie sie das Gruppenleben beein-
flusst. »Dreidimensionaler mentaler Raum (triangular space)«
(Ronald Britton) und Anpassung des Ichs an die Gruppe. Kon-

sequenzen, wenn es nicht gelingt, die dritte Position zu er-
reichen.

JMC – Ich habe gestern das Radio eingeschaltet, und jemand spielte die Goldberg-Variationen. Es war eine interessante Darbietung, fand ich, für meinen Geschmack etwas zu romantisch, doch durchdacht und mitreißend. Dann hörte ich ein unterdrücktes Husten und begriff, dass es sich um einen Liveauftritt handelte, oder zumindest um die Aufzeichnung eines Liveauftritts. Also lauschte ich allein zu Hause der Musik, in der Gemeinschaft, oder vielleicht nur der aufgezeichneten Gemeinschaft, einer Gruppe von Fremden.

Ich konnte diese Mithörer nicht sehen, hatte keine Ahnung, wo sie lebten, wer sie als Individuen waren, aber etwas verband uns offensichtlich: Wir waren bereit, andere Beschäftigungen ruhen zu lassen, um (wie sich herausstellte) Angela Hewitt zuzuhören. Wir hatten uns versammelt, um eine Pianistin zu hören, die wir kannten und bewunderten, während sie sich der Musik aussetzte, und durch sie setzten wir uns wiederum der Musik aus, ließen uns von ihr ergreifen. Für die Dauer der Darbietung waren wir sozusagen ein Herz und eine Seele, vereint in – ich kann kein besseres Wort finden – Liebe. Aus unserem gemeinsamen Körper – und man erinnere sich, wir waren nicht alle am gleichen physikalischen Ort –

strömte eine Liebe, die durch die über die Tastatur gebeugte priesterliche Künstlerin auf Johann Sebastian gelenkt wurde und über ihn hinaus auf den, der, oder das, was seine Hand geführt hatte. Und natürlich fühlten wir, dass durch die Musik eine gewisse Liebe zu uns strömte (warum hätten wir sonst hier sein sollen?).

Dann war das Stück zu Ende, und es herrschte ein langes, langes Schweigen, ehe sich jemand zu klatschen getraute.

Was ich beschrieben habe, ist ein Gruppenerlebnis, ein Erlebnis, bei dem das Ich-Bewusstsein unterdrückt wird oder dahinschwindet. Die Welt erscheint ganz plötzlich unkompliziert. Man ist *eins* mit seinen Nachbarn, im Zustand milder Ekstase, außerhalb seines Alltags-Ichs.

Eine weniger erhabene Version von Gruppenekstase kann man bei der Zuschauermenge eines Fußballspiels erleben. Manche gehen dorthin, weniger um Fußball zu sehen, als um das Massenerlebnis zu haben – natürlich abgesehen davon, dass die Menge gebildet und zur Einheit verschmolzen wird durch die Fokussierung der einzelnen Mitglieder auf ein einziges, äußerst packendes Ereignis, nämlich den Kampf auf dem Spielfeld.

Wenn man dem Phänomen Menge feindlich gegenübersteht, spricht man von einem Mob, von *mobile vulgus*, dem Straßenpöbel, dessen Leidenschaften wechselhaft, leicht zu erregen, unvorhersehbar sind. Es gibt so etwas wie Massen- oder Mob-Psychologie, aber ob es sinnvoll ist, darüber im gleichen Atemzug wie über die Psychologie des Individuums zu sprechen, ist fraglich. Tatsache ist, dass es Menschen gibt, die nicht gern allein sind, die das als bedrückend empfinden, die erst in der Gesellschaft von anderen Menschen richtig lebendig werden, in einer Gruppe oder sogar einer Menschenmenge. Als Gesellschaft entscheiden wir uns dafür, Menschen durch Einzelhaft zu bestrafen, es muss also eine gewisse gesellschaftliche Übereinstimmung geben, dass es nicht angenehm ist, über eine längere Zeitspanne allein zu sein.

Sie äußern selbst Zweifel, ob es möglich oder erfolgversprechend ist, den Übergang von der Individualpsychologie zu der Psychologie zu machen, die wir grob gesagt Gruppenpsychologie nennen. Auch ich bin der Meinung, dass es schwierig ist, die Psychologie des Individuums als ein Mittel zum Verständnis der »Psychologie« der Masse zu nutzen, wie auch die Psychologie des Individuums uns nicht hilft, ekstatische Zustände im Allgemeinen zu verstehen, da ekstatische Zustände eine Angelegenheit des Ausbrechens aus dem Selbst oder der Selbstaufgabe sind.

Doch Ihre Frage geht tiefer: Wie können wir etwas über Gruppen *als Gruppen* wissen, im Gegensatz zum Wissen über sie als Vielfalt von Individuen? Und sich auf Menzies Lyth berufend weisen Sie darauf hin, dass eine Gruppe oft zu einem besseren Verständnis einer anderen Gruppe gelangen kann als ein einzelner Forschender.

Wenn wir an Gruppen in Massenstärke oder größer denken, dann gibt es in der Tat ein Bescheidwissen von

Gruppen über andere Gruppen, obwohl wir als Intellektuelle ein beinah intuitives Misstrauen gegen solcherart Wissen haben. Ich denke an die Weise, in der benachbarte Nationen oder Stämme mit einer langen konfliktreichen Geschichte übereinander Bescheid wissen. Weil sie Nachbarn sind, wissen sie eine Menge Alltägliches voneinander; doch ihr Wissen oder Bescheidwissen ist allzu häufig gefärbt oder belastet von einem gewissen verallgemeinernden Vorurteil (die Schotten sind geizig, die Engländer sind falsch und so weiter), das der Vernunft nicht zugänglich ist – es ist sozusagen Teil der Kultur und daher unanfechtbar.

Wir neigen als Intellektuelle dazu, diese Art von Wissen nicht als echtes Wissen anzusehen. Aber da es von seinen Besitzern ausdrücklich als Wissen angesehen wird (»Wir kennen die Schotten so, wie du sie nicht kennst, wir haben seit Beginn der Geschichte auf engsten Raum mit ihnen zusammengelebt«), sollten wir uns hüten, es nicht zu berücksichtigen.

Ein weiterer Rat zur Vorsicht. Ekstatische Zustände haben bei Religionen weltweit zur religiösen Erfahrung gehört. Es gibt ekstatische Varianten des Christentums (zu viele, um sie aufzuzählen), des Judaismus (die Chassidim), des Islam (die Sufis). Die »hohen« oder rationalen Varianten dieser Religionen neigen dazu, auf die ekstatischen Varianten als regressiv herabzublicken, als eine Rückkehr zu einer primitiven Art des Zugangs zum Göttlichen. Meiner Meinung nach sollten wir uns hüten, dieses »hohe« Vorurteil gegen das Nichtrationale (das »Irrationale«) in unsere Überlegungen zur Gruppenpsychologie zu importieren und davon auszugehen, dass Gruppenpsychologie »primitiv« und daher unkompliziert sein muss.

Natürlich interessieren Sie sich, beruflich und persönlich, für Gruppen, die kleiner als Menschenmassen sind. Sie stellen fest, dass Gruppen oft besser von anderen Gruppen, wie zum Beispiel von Studiengruppen, verstanden werden als von einzelnen Wissenschaftlern; und Sie schreiben des Weiteren sehr interessant über die psychischen Dynamiken innerhalb der Forschungsgruppe. Sie bemerken, dass, zumindest in der angelsächsischen Tradition, die Fachsprache für die Beschreibung von Gruppenphänomenen unterentwickelt ist.

Ich habe das Gefühl – wofür ich keinerlei unterstützendes Material liefern kann –, dass Kulturen, die sich stärker als die unsere auf Gemeinschaft gründen, zum Beispiel traditionelle afrikanische Kulturen, einen besseren Begriffsapparat als wir haben, um dieses Gebiet abzudecken, und besser in der Lage sind, über Gruppenphänomene nachzudenken. Leider können wir einen solchen Begriffsapparat nicht importieren, ohne die ganze Kultur, die ganze Weltanschauung mit ihm zu importieren.

Sie vermuten, dass mein Interesse daran, wie Gruppen denken, von der Tatsache herrühren könnte, dass ich im Südafrika der Apartheid-Zeit aufgewachsen bin.

Das mag stimmen; aber die Entwicklung meines Interesses ist nicht so geradlinig, wie es von außen scheinen mag. Der Stamm oder das Volk, in das ich hineingeboren wurde, die Afrikaaner, mit denen ich mich kräftig herumstritt, besonders während meiner Kindheit, hatte ganz gewiss ein starkes Gefühl, als Gruppe gegen eine feindliche Welt zusammenhalten zu müssen – zumindest während des zwanzigsten Jahrhunderts, jetzt weniger –, und eine Tendenz, Menschen als für sie oder gegen sie einzuordnen, ohne Abstufungen. Eine kompliziertere Beziehung zur Gruppe, wie ich sie hatte (und habe), wurde ausgeschlossen.

Obwohl es Druck von oben gab, von der ideologischeren Fraktion in der Führung, patriotische oder parteipolitische Veranstaltungen zu organisieren – zum Beispiel Massenkundgebungen oder militärische Vorführungen, wie man sie mit Nazi-Deutschland verbindet –, habe ich nie viel Begeisterung dafür bei den gewöhnlichen Afrikaanern entdeckt. Man sollte nicht vergessen, dass die Afrikaaner ihre größte Stunde während des Burenkriegs hatten, als es ihnen gelang, eine irreguläre, doch hocheffektive Streitmacht zusammenzustellen, die weit mehr von Individualismus als von Gruppendisziplin geprägt war: Männer (ich zögere, sie Soldaten zu nennen) sahen es als ihr Recht an, die Kriegsfront zu verlassen, ihre Pferde zu satteln und fürs Wochenende zu ihren Familien nach Hause zu reiten. Als Lebensweise fordert uns der Militarismus auf, die individuelle Urteilskraft abzugeben, uns vorrangigen Gruppenleidenschaften zu unterwerfen.

Der Calvinismus, die offizielle Religion des Afrikaaner-Staates, war und ist eine Religion der Vernunft, irrationalen Kräften misstrauend. Das ist der Hauptgrund dafür, warum die calvinistischen Kirchen in Südafrika ausbluten, indem sie Mitglieder an die Charismatiker verlieren.

Mein Kindheitsstreit mit dem Afrikaanertum war daher nicht der Streit mit einem System, das alle, einschließlich meiner Person, für seinen Irrationalismus zu vereinnahmen suchte (ein Beispiel für ein solches System könnte der Maoismus sein), sondern der Streit mit dem Triumphalismus der Afrikaaner: Die Wertvorstellungen des Afrikaaner-Kleinbürgertums, einschließlich seiner bösartigen Vorurteile, beherrschten den öffentlichen Diskurs, und wenn man dem nur in vorsichtigster Form zu widersprechen versuchte, wurde man beiseitegefegt.

Meine eigene Familie versorgte mich, der ich wie alle Kinder meinen Platz in der Welt zu begreifen versuchte, mit verwirrendem moralischem Stoff. Ich denke zuallererst an meine Mutter, deren Beziehungen zu anderen Menschen auf einer persönlichen Ebene moralisch bewundernswert waren (wie ich glaubte), die aber dennoch eine Befürworterin, wenn nicht der Apartheid als Gesellschaftssystem, dann bestimmt der Leute, die das Land führten, war. (Meine Mutter war »nicht politisch« in dem Sinn, wie die meisten Menschen »nicht politisch« sind: Sie identifizieren sich mit Führern statt mit politischen Programmen.) Im Fall von Menschen wie meiner Mutter kann man ganz gewiss von Regressionen sprechen und von damit verbundenen Rückfällen, die stattfanden, wenn sie zwischen ihrer Existenz als eigene Persönlichkeit und der Existenz als weiße Südafrikanerin hin- und herschwankte.

Um die These, die in dem von mir Gesagten enthalten ist, unumwunden zu formulieren: Nationalismus (Tribalismus) ist ein regressiver Zustand; und wenn Gruppen (Gruppendenken, Gruppenverhalten) mich beschäftigen, dann deshalb, weil ich mir im Verlauf eines Lebens, zu einem gewissen Preis, die Regression zur Gruppe versagt habe.

Zu einem gewissen Preis, weil ich glaube, dass Regression ein natürlicher Teil des menschlichen Lebens ist. Ich würde sogar so weit gehen zu behaupten, dass periodische Regression zur natürlichen psychischen Ökonomie, zur Weise, wie wir gesund bleiben (»im Gleichgewicht« bleiben), gehören kann.

Es braucht kaum erwähnt zu werden, dass Wilfred Bion sich für Gruppen interessierte, weil die Welt um ihn herum zwischen 1914 und 1918 zu einem Gruppenwahnsinn regredierte, dessen wahnsinnigstes Merkmal das Auftreten einer extremen Rationalität war (Beispiel: militärische Planung). Wie Sie bemerken, ist es immer schwierig gewesen, als Gruppe zu denken; und es kann tatsächlich nötig sein, deuten Sie an, eine angemessene Fachsprache auszuarbeiten, ehe man über Gruppendenken reden kann. In dieser Hinsicht könnte man damit anfangen, über den Begriff des Denkens nachzudenken.

Ist es eine gute Idee, dasselbe Wort für das, was Individuen tun, und das, was die Gruppe tut, zu benutzen? Was tun wir, wenn wir denken, dass wir denken?

Eine weitere Fußnote zum Zustandekommen meines Interesses am Gruppendenken. Eine Generation, nachdem Gustave Le Bon (den Freud sorgfältig studierte) die Massenpsychologie zu erforschen begann, brachte ein Afrikaaner namens Eugène Marais ein Buch über Termitenkolonien heraus, dessen These lautet, dass die Kolonie ein einziges kollektives Bewusstsein hat.[9] Marais stellte klar, dass dieses einzige Bewusstsein nicht metaphorisch zu verstehen war – es war tatsächlich ein Bewusstsein, das über die Summe der Intelligenz der individuellen Termiten hinausging. Marais, Dichter, Arzt und ungebundener Intellektueller, schrieb auch ein Buch über den Moment in der Evolutionsgeschichte, als das individuelle Bewusstsein sich von der Gruppe trennt.

♦♦♦

AK – Es klingt fast so, als würden Sie jedes starke Gefühl der Zugehörigkeit zu einer Gruppe mit Regression verbinden. Doch viele der größten menschlichen Errungenschaften sind natürlich das Ergebnis von Gruppen, die zusammenarbeiten und infolgedessen ein starkes Gefühl der gemeinsamen Identität entwickeln. Die Zuhörer bei einem Konzert oder die Zuschauermenge bei einem Fußballspiel mögen sich an einem relativ unkomplizierten Gruppenerlebnis erfreuen, sich mit einer größeren Gruppe eins fühlen, über sich selbst und die Grenzen der Individualität hinausgehoben. Doch die Mannschaft auf dem Platz oder die Musiker im Orchester werden hart arbeiten und im Unterschied zu ihrem Publikum gegen die Grenzen der Individualität anarbeiten und im Sinne ihrer kleinen Rolle in einem komplexen Ganzen handeln – oder das zumindest versuchen.

Aus demselben Grund glaube ich nicht, dass Nationalgefühl per se eine Form von Regression ist. Man muss unterscheiden zwischen einer nationalen Gruppe, die ein wohlverdientes Gefühl des Stolzes über ihre Leistungen empfindet, und der Art nationalistischer Gesinnung oder Chauvinismus, die sich aus dem Bedürfnis herleitet, die eigene Seite zu stützen, indem man die andere Seite herabsetzt – oft durch einschüchternde und aggressive Handlungen. Wie Sie herausstellen, wird diese Art Nationalismus häufig von einer extremen Intoleranz gegenüber abweichenden Meinungen im Inneren begleitet. Doch echter oder berechtigter Nationalstolz sollte die Grundlage für bessere, nicht schlechtere Beziehungen innerhalb eines Volkes und zwischen den Völkern sein.

Ihre Bemerkungen weiter oben haben mich motiviert zum Überdenken meiner Ausführungen dazu, dass es nützlich ist, eine Gruppe als Gruppe zu betrachten, nicht als eine Vielzahl von Individuen. Ich denke immer noch, dass dieser Gedanke von einem fachlichen Gesichtspunkt aus seine Berechtigung hat. Mich hat die Kompetenz beeindruckt, mit der als Gruppen- und Familientherapeuten tätige Kollegen das Geschehen auf einer Gruppenebene im Sprechzimmer beobachtet und verstanden haben, statt sich von der Erfahrung eines Individuums oder einer kleinen Zahl von Individuen innerhalb der Gruppe vereinnahmen zu lassen. Und ich habe schon Bion und seine Arbeit mit frühen psychotherapeutischen Gruppen nach dem Ersten Weltkrieg erwähnt. Er berichtet von gewissen Tendenzen des Verhaltens zu ihm als Führer, die die starken und ganz und gar unbegründeten Erwartungen dieser Gruppen in Bezug auf ihn zeigten – Erwartungen, die nicht notwendigerweise im Bewusstsein eines der Individuen in der Gruppe vorhanden waren, die ihm jedoch nachdrücklich übermittelt wurden durch die Weise, wie sich die Gruppe als Ganzes benahm.

Einen Schluss sollte man jedoch *nicht* aus dieser Art von Beobachtung ziehen, insbesondere der Beobachtung, dass die Haltung der Gruppe in keiner direkten Weise im Bewusstsein der Individuen innerhalb der Gruppe vorhanden ist, nämlich den Schluss, dass die Gruppe das eine ist und die Individuen in der Gruppe das andere sind. Man kann leicht in diese Falle tappen, weil es den Anschein hat, als seien die beiden so weit auseinander. In meiner Rolle als Ausbilderin zum Beispiel teile ich oft eine Beobachtung mit meinen Kollegen, die etwa so beschrieben werden kann: »Diese Studentengruppe ist so schwierig, aber wenn man es mit jedem für sich zu tun hat, ist es vollkommen anders.«

Mir scheint, wenn eine Gruppe so verfährt, dass die einzelnen Mitglieder über ihre Beiträge zum Gruppenleben Bescheid wissen und davon wirklich und bewusst profitieren, dann gibt es eine Situation, ähnlich einer gut funktionierenden Demokratie im nationalen Leben, in der das individuelle und das Gruppenleben als fest verbunden erlebt werden. Doch häufig gibt es eine andere Situation, insgesamt oder teilweise, eine Situation, bei der eine Gruppe auf eine Weise handelt, die den Individuen in ihr – oder wenigstens vielen von ihnen – fast unbegreiflich erscheint. In diesem Fall kann das Gruppenverhalten verstanden werden als Ergebnis der Beiträge aller Individuen in der Gruppe, wie groß oder klein auch immer, während viele dieser Individuen sich weder der Natur des Beitrags bewusst sind, den sie geliefert haben, noch der Tatsache, dass sie etwas beigetragen haben. Die individuelle Erfahrung und die Mentalität und das Verhalten der Gruppe, der das Individuum angehört, können als sehr zusammenhanglos erlebt werden. Das heißt nicht, dass sie zusammenhanglos *sind*, sondern nur, dass wir uns das Wesen der Beziehung zwischen den beiden zu verstehen bemühen müssen.

Die Herausforderung, die gesellschaftliche und die psychologische Aufgabe, besteht meiner Auffassung nach für Individuen darin, ihr Verständnis von ihrer Rolle in der Gruppe zu entwickeln, von ihrer Rolle als Teil des Ganzen, und für die Gruppe, groß oder klein, ihnen dabei zu helfen.

Ich empfinde es als hilfreich, zu den Anfängen des Lebens zurückzugehen, zur Geburt eines Kindes in einer Familie, um das Wesen der Aufgabe für das Individuum, eine Beziehung mit einer Gruppe zu entwickeln, zu verstehen. Ein Kind wird geboren, und wir wissen, dass es von Beginn an vollkommen abhängig ist von der Mutter oder dem Hauptversorger und ihre Gegenwart ganz akut wahrnimmt, und ebenso ihre Abwesenheit – alles dreht sich darum, darauf zu warten, gefüttert oder gesäubert oder im Arm gehalten zu werden. Doch aktuelle empirische Kleinkindforschung hat auch das intensive Interesse hervorgehoben, das Kleinkinder an der Vielfalt von Beziehungen, in die sie hineingeboren wurden, zeigen – sie interessieren sich für die Stimmen von Eltern und Geschwistern, die sie im Mutterleib hören, für den Tenor und die Atmosphäre der elterlichen Beziehung und auch der anderen sozialen Beziehungen der Mutter. Ich stelle mir vor, dass wir alle schon sehr früh Vorstellungen über die soziale Gruppe, in die wir hineingeboren wurden, entwickeln, über die Beschaffenheit der Beziehungen in ihr und über unseren Platz darin.

Wenn man sich die ersten Erfahrungen eines Babys mit der Familie und dem sozialen Leben vornimmt, wird die Aufmerksamkeit auf besondere Merkmale der Beziehung des Einzelnen zur Gruppe gelenkt, darunter das Ausmaß, in dem wir für unser Leben, für Beistand und Anregung auf die Gruppe angewiesen sind, und die Tatsache, dass sie uns die Grenzen unserer Wichtigkeit vor Augen führt.

Wir sind nur einer von mehreren. Es gibt Beziehungen, aus denen wir ausgeschlossen sind, und sogar die, die wir am meisten lieben, wenden ihre Aufmerksamkeit von uns weg und sehen die Dinge anders, manchmal extrem anders, als wir. Das ist alles ziemlich verstörend, aber, wie ich glaube, äußerst wichtig, um allmählich und auf entsprechend primitive Weise zu verstehen, was in Gruppen vor sich geht – oder sollte ich sagen, in Individuen in einer Gruppensituation.

Die kleinste Gruppengröße ist meiner Meinung nach drei. Und das deshalb, weil es in einer Gruppe, um eine Gruppe zu sein, wenigstens eine Beziehung geben muss, aus der ein beliebiges Individuum potentiell ausgeschlossen ist – auf die man sich verlassen kann oder auch nicht, die Hilfe und Unterstützung anbieten kann oder nicht, die sich aber, zumindest potentiell, außerhalb der unmittelbaren Erfahrung und Kontrolle des Betreffenden befindet. Der bekannte Ausspruch: »Zu zweit ist es gemütlich, ein Dritter stört« drückt meiner Meinung sehr gut das grundlegend zwiespältige Gefühl aus, das wir gegenüber der Gruppe haben.

♦ ♦ ♦

JMC – Als ich las, was Sie über das Geborenwerden zu sagen hatten, war mein erster Gedanke: »In eine Gruppe hineingeboren? Das kann doch nicht wahr sein! Eine Familie ist doch sicher nicht dasselbe wie eine Gruppe!«

Im Augenblick der Geburt wird man, unter fortwährendem Protest, ausgestoßen aus einem sinnlichen Paradies in eine feindliche Welt, wo es, wie sich herausstellt, nur eine einzige schützende Kraft gibt, und eine nicht völlig zuverlässige: die Mutter. Zumindest sehe ich es so; und so hat es auch Freud gesehen, wenn ich mich nicht irre.

Die Vorstellung, dass die Welt grundsätzlich feindlich gegenüber dem Neugeborenen ist, mag paranoid erscheinen, ist jedoch nicht völlig aus der Luft gegriffen. Schließlich sind im Tierreich die hilflosen Neugeborenen die bevorzugte Beute von Raubtieren.

Also ist der Akt des *Hineingeborenwerdens* vielleicht keine so einfache Sache, wie Sie es darstellen: Die Gruppe leistet vielleicht Widerstand und ist einem neu Hinzukommenden gegenüber möglicherweise feindlich gesinnt.

Meine zweite, nachdenklichere Reaktion lautet: Muss das Kräftefeld, in das das Kind kommt, immer durch das Dreieck Mutter, Vater, Kind definiert werden? Während das Dreieck die richtige Weise sein mag, um über Erstgeborene zu reden, oder über Kinder, die in kleine Kernfamilien hineingeboren werden, wäre es doch seltsam, das Dreieck anzuwenden auf, sagen wir, ein zehntes Kind, das nicht nur einer Mutter und einem Vater geboren wird, sondern beinah sofort einer quirligen Menge von Geschwistern und Großeltern und Cousins und Cousinen und Tanten und Onkeln – ein zehntes Kind, dessen erste intellektuelle Aufgabe in der Welt sein muss, herauszufinden, wer all diese Menschen sind, welche davon wichtig und welche unwichtig für sein Wohlergehen sind? Mit anderen Worten, für einen Theoretiker, dessen Bild von der Familie sich darauf gründet, was Familien die meiste Zeit in der Geschichte in den meisten menschlichen Gesellschaften gewesen sind, im Gegensatz zu einem Theoretiker, dessen Bild von der Familie das von Mutter und Vater plus 2,1 Kindern ist, kann die Erfahrung, in eine Familie hineinzukommen (hineingeboren zu werden), dem Hineinkommen in eine große Gruppe von Fremden stark ähneln; das unmittelbarste Merkmal der Gruppe (im Gegensatz zur Kernfamilie) ist dabei, dass man nicht im Mittelpunkt der Gruppenaufmerksamkeit steht und in der Tat alle winzig kleinen Kräfte anstrengen muss, um überhaupt bemerkt zu werden.

Hier betrete ich Terrain, das Sie schon bearbeitet haben.

Sie beurteilen Nationalismus viel weniger hart als ich. Ich gebe zu, dass ich wenig Gutes an ihm finde, selbst wenn er sich darauf beschränkt, die Leistungen der nationalen Gruppe zu feiern. Wenn sich Nationen nicht durch eine gemeinsame Geburt oder gemeinsame Ahnen definieren (*Nation* von *nascor*, geboren werden), was in der Praxis auf Definition durch Rasse hinausläuft, definieren sie sich *als gegen* andere Nationen, das heißt, sie begründen ihren Anspruch auf eine gemeinsame Identität mit einer negativen Eigenschaft (wir Isländer sind keine Dänen, wir Pakistani sind keine Inder und so weiter). In dieser Hinsicht unterscheidet sich die negativ definierte Nation von einer Religion, bei der die Gruppenidentität auf geteilten Glaubensinhalten und Riten beruht, oder von einer Handwerkszunft, bei der sie darauf beruht, dass jedes Mitglied gewisse Prüfungen absolviert hat.

Während meine Lebenserfahrung mit dem Nationalismus hauptsächlich unglücklich gewesen ist, scheint die Ihre ziemlich günstig gewesen zu sein. Das mag genügen, um unsere unterschiedlichen Ansichten zu erklären. Wenn Sie und ich Historiker wären, wäre Ihr Ausgangspunkt, dass Nationalismus eine Kraft zum Guten sein kann, während der meine wäre, dass die Rhetorik des Nationalismus eine Tarnung für dunklere Bestrebungen ist. Von diesen gegensätzlichen Ausgangspunkten könnten wir dazu übergehen, entgegengesetzte Deutungen der Geschichte zu konstruieren, verschieden der Auffassung nach, doch völlig annehmbar als Beiträge zu einer breiteren historischen Debatte.

Aber wir sind keine Historiker, und wir möchten beide, wie ich glaube, unsere Differenzen tiefgründiger erforschen. Sie könnten folglich einwenden, dass es nicht ausreicht, von der Voraussetzung auszugehen, dass man immer, wenn man sich einer Gruppe anschließt, psychologisch regrediert, da diese Voraussetzung ungeprüft ist. Und Sie weisen ja darauf hin: Wie kann die Gruppe immer primitiver (und deshalb dümmer) sein als das Individuum, wenn so viele der größten menschlichen Errungenschaften von Gruppen bewerkstelligt worden sind? (Ich nehme an, Sie haben dabei etwas wie die großen Kathedralen Europas im Hinterkopf.)

Lassen Sie mich also den Versuch wagen, ein paar erste Gedanken zu Gruppen darzulegen – zur Gruppenmitgliedschaft und zu Gruppenleistungen.

(1) Einige Gruppenprojekte – Umwandlungen der physischen Landschaft wie das Eindämmen von Flüssen oder das Terrassenanlegen an Berghängen – sind heroische Leistungen gewesen, die das Leben für die nachfolgenden Generationen erleichtert haben. Besonders in vormaschinellen Zeiten konnten diese Umgestaltungen der Erdoberfläche nur mit Hilfe der vereinten Kräfte einer gewaltigen Anzahl von Menschen bewältigt werden, die auf disziplinierte Weise nach einem einzigen Plan zusammenarbeiteten. Über solche hierarchisch organisierte Projekte möchte ich nur anmerken, dass die meisten Teilnehmer sich nicht freiwillig für die Arbeit gemeldet hatten und dass sie, während sie Befehlen gehorchen mussten, diese nie selbst erteilen konnten.

(2) Computersoftware-Systeme wie zum Beispiel Windows sind nie das Werk eines einzelnen Kopfes. Das Programmieren ist von Anfang an als Team-Projekt geplant und wird in Modulweise organisiert: Das projektierte System wird auf eine Anzahl Module heruntergebrochen, und jedes Modul wird einem Individuum oder einem Team zur Programmierung zugewiesen. Wenn die Module verbunden werden und das System als Ganzes in Be-

trieb geht, gibt es keine einzelne Person, die im Detail weiß, wie es funktioniert.

Das modulare Prinzip ist heute überall zu sehen, ob in fabrikmäßig hergestellten Produkten wie Autos oder in nicht-materiellen Strukturen wie Computersoftware. Marx und Engels beobachteten die menschlichen Folgen der Arbeitsteilung in den Fabriken des viktorianischen Großbritanniens, wo ein Arbeiter sein gesamtes Arbeitsleben damit zubringen konnte, Nieten herzustellen, ohne je die Erzeugnisse zu sehen zu bekommen, von denen die Nieten ein Teil sein würden. Die Entfremdung des Arbeiters von den Früchten seiner Arbeit führt nach Marx und Engels zu einer Art psychischer Gleichgültigkeit, die alle seine Beziehungen zur Welt infiziert.

Ich würde die Parallelen zwischen der Entfremdung – was Sie das Gefühl des Ausgeschlossenseins nennen – und der psychischen Regression nicht zu weit treiben. Trotzdem hat die Arbeitsteilung grundlegende Bedeutung für die moderne Ökonomie, wo die meisten Projekte zu komplex und gewaltig für ein Händepaar sind oder, was intellektuelle Arbeit angeht, zu umfangreich für eine einzige Intelligenz, um sie in allen Einzelheiten zu erfassen. Unter solchen Bedingungen kann die Arbeitserfahrung einer Gruppe, die an einem Modul-Job beteiligt ist (ein »Team«), genauso entfremdet sein wie die eines einzelnen Arbeiters. Wie das Individuum kann auch das Team in einer Art blinder Zelle arbeiten, Instruktionen von oben befolgen und von Arbeitskollegen in ihren eige-

155

nen blinden Zellen abgeschnitten sein (ich benutze das Wort »Kollegen« mit einigen Bedenken).

(3) Wie wird man zu einem Mitglied einer Gruppe? Mir scheint, sehr häufig stellt man einfach fest, dass man zu einer Gruppe gehört, statt dass man sich frei und bewusst entscheidet, sich ihr anzuschließen. Auf diese Weise wird man in eine Nation, eine Klasse, eine Kaste, eine Rasse, eine Religion *hineingeboren*. In jungen Jahren wird man zur Schule geschickt, wo man sich einer Gruppe von Klassenkameraden anschließt, die man vorher noch nie gesehen hat. Selbst wenn man als Erwachsener freiwillig eine Stelle annimmt, weiß man selten vorher, wer die Arbeitskollegen sein werden. In diesen Fällen kann man sagen, dass man in die Gruppe *hineingeworfen* wird.

Sie weisen darauf hin, dass eine stark empfundene Mitgliedschaft in einer Gruppe, ein Zugehörigkeitsgefühl, nicht von Regression im psychologischen Sinn begleitet sein muss. Ich würde etwas anderes hervorheben. Ich würde sagen, dass unfreiwillige Gruppenmitgliedschaft oft zu regressivem Verhalten führt, als Möglichkeit, ein unbehagliches Gefühl, nicht dazuzugehören und doch nicht ausscheiden zu können, zu unterdrücken. Eine solche Regression gleicht dem sich absichtlich Betrinken, um unerträgliche Gefühle zu betäuben.

Aus der Zugehörigkeit zu einer großen unfreiwilligen Gruppe, wie einer Religion oder Kaste oder Nation, kann man, das bezweifle ich nicht, ein enormes Gefühl der Sicherheit und Bestätigung und sogar des Stolzes schöpfen. Aber die Zugehörigkeit zu einer Gruppe, der man nicht entkommen kann, kann auch die Wurzel eines schwächenden lebenslangen Streites sein.

Sie haben unsere Diskussion über Gruppenregression in Gang gesetzt, indem Sie von Ihren Erfahrungen im Gesundheitswesen erzählten, und ich reagierte darauf mit meinem Erlebnis als Teil eines Konzertpublikums. Lassen Sie mich eine These wagen: dass Teil einer Gruppe zu sein, die durch ein gemeinsames Interesse gebildet wird (für eine musikalische Darbietung, für ein Fußballspiel, für einen politischen Führer, sogar für einen Film), etwas grundlegend anderes ist als Teil einer Gruppe zu sein, die von oben gebildet wird, um eine Aufgabe zu erfüllen. Im ersten Fall ist die Gruppe amorph und von unbestimmter Zahl; im zweiten Fall ist sie strukturiert und von bestimmter Zahl. Im ersten Fall ist die Mitgliedschaft Privatsache – man kann sich jeden Augenblick, ohne Erklärung zurückziehen. Im zweiten Fall verpflichtet man sich, der Gruppe beizutreten, und kann sich nicht ohne Strafe zurückziehen. Ich könnte weitere Unterschiede aufzählen, doch die Behauptung, die ich aufstellen möchte, ist einfach: dass eine psychologische Theorie, die umfassend genug ist, beide Gruppenarten einzuschließen, wahrscheinlich nichtssagend ist. Die Art Gruppe, die Le Bon und Freud im Sinne hatten, war die erste, gekennzeichnet von einer Auflösung der Ich-Grenzen. Die zweite Art Gruppe, wie man sie in Büros und Schulen und Krankenhäusern findet, scheint mir interessanter und auch zugänglicher für eine Analyse zu sein.

Ich habe meine Gruppenerfahrung in Klassenzimmern statt in Krankenhäusern gemacht; auch in akademischen Instituten, deren zänkische, kindische Neigungen oft festgestellt wurden. Was wir im Schulklassenzimmer das Disziplinproblem nennen, ist fast ausnahmslos ein Problem des Umgangs mit regressivem Verhalten. Es handelt sich nicht darum, dass dieses oder jenes Kind das Kommando über die Gruppe vom Lehrer zu übernehmen (das heißt, den Vater zu erschlagen) droht. Das Problem ist vielmehr, dass die Ordnung im Klassenzimmer beständig (»sobald ich den Rücken kehre«) missachtet wird durch wortlose, oft obszöne Laute, aggressives oder antisoziales Verhalten (heimliche Schläge, Haareziehen, Entblößungen), absichtliches Dummstellen und so weiter. Es ist, als würden die Kinder in einen anarchischen Kleinkindzustand regredieren; sie dazu zu bringen, »sich zu benehmen«, das heißt, »sich ihrem Alter entsprechend zu verhalten«, verlangt dem Lehrer eine gewaltige Anstrengung ab, eine Anstrengung, die bei so manchem die psychischen Ressourcen übersteigt. In früheren Zeiten rief das im Namen der Disziplin häufig Vorführungen exemplarischer körperlicher Gewalt hervor – regressives Verhalten anderer Art.

Regressives Verhalten kann sich durch die Schuljahre hindurchziehen. Bei Studenten an der Universität ist das nicht unbekannt. Ein Sinn ist darin nur schwer zu entdecken, wenn man es nicht als eine Form des Protests begreift. Protest wogegen? Auf individueller Ebene dagegen, in eine unfreiwillige Gruppe gesteckt zu werden; und auf Gruppenebene dagegen, Befehle von oben aufgedrängt zu bekommen. Das soll heißen, das Kind möchte frei sein, was bedeutet, sich entscheiden zu können, je nach Laune allein oder in einer Gruppe zu sein; und auch eine freie Wahlmöglichkeit zu haben, welcher Gruppe es sich anschließen will.

Wir sollten nicht vergessen, dass die allgemeine Schulpflicht ihrem Ursprung im England des neunzehnten Jahrhunderts nach eine Form der Einkerkerung unter anderem Namen war. Ihr angegebenes Ziel war es, jedes Kind im Land in Lesen, Schreiben und Rechnen auszubilden; doch es sollte auch die Kinder von der Straße wegholen, während ihre Eltern auf Arbeit waren.

Die Antithese zur Schulklasse, der von oben durch rationale Kriterien von Alter, Bildungsfähigkeit und so weiter gebildeten Gruppe, ist die Bande, die Gruppe, die sich selbst von innen bildet, aus Gründen, die für den Außenstehenden schwer zu durchdringen sind und vielleicht einfach Wahlverwandtschaften genannt werden müssen.

In der Schule wird jedes Kind unter Druck gesetzt, sich einer Bande, groß oder klein, anzuschließen. Der Druck kommt von der ererbten kollektiven Kultur der Kinder, aber auch von unbestimmten inneren Kräften. Das Kind, das keiner Bande angehört, ist unglücklich, und man sorgt dafür, dass es sich unglücklich fühlt. Ich vermute, dass die

Psychologie der Kinderbande ein noch ergiebigeres For-
schungsfeld ist als die Psychologie des Klassenzimmers.

♦♦♦

AK – Die kollektive Anstrengung, die mir vorschwebte,
war keine Kathedrale oder Pyramide, sondern eine öffentliche Gesundheitsfürsorge in der Form des staatlichen
Gesundheitsdienstes. Im Gegensatz zu den Sklavenarbei-
tern, die Sie beschreiben, sind die Ärzte, Krankenschwestern und -pfleger des staatlichen Gesundheitsdienstes
im Allgemeinen ihrer Arbeit mit Engagement nachge-
gangen. In vielen der besseren Gesundheitseinrichtungen
arbeitet das Personal gut zusammen, um die Patienten
zu versorgen, und ist stolz auf seine gemeinsamen Leistungen.

Ich befürchte, dass sich das alles ändert. Eine Unter-
suchung der hohen Sterblichkeitsziffern beim staatlichen
Gesundheitssyndikat von Mid-Staffordshire wurde Anfang 2013 veröffentlicht.[10] Sie kommt zu der Schlussfolge-
rung, dass die Leitung so mit den finanziellen Ergebnis-
sen beschäftigt war, und damit, die von der Regierung
von außen vorgegebenen Ziele zu erreichen, dass die
grundlegende Patientenfürsorge den Bach runterging.
Das staatliche Gesundheitswesen ist momentan im Würgegriff der Art von Entfremdung, die Sie beschreiben:
Trotz der Fürsorge-Rhetorik arbeiten die Regierung und
die Leitung des Gesundheitswesens nach einer Agenda –

der von Profit und Verlust, und das Personal vor Ort arbeitet nach einer anderen Agenda. Wir sind gegenwärtig eine sehr unglückliche und schlecht funktionierende große Gruppe.

Ich halte eine Familie ganz gewiss für eine Gruppe: eine kleine Gruppe, zugestanden, doch im Wesentlichen eine Gruppe. Aber was noch wichtiger ist, zumindest für unsere Zwecke, ich glaube, dass die Familie der Ort ist, wo wir zuerst etwas über das Gruppenleben lernen oder eben nicht, indem wir die Exklusivität einer Eins-zu-eins-Beziehung aufgeben und ein Mensch unter einer Anzahl anderer sind – oder ein Mensch in einer Dreiecksbeziehung.

Ich spreche hier natürlich von der **ödipalen Situation**, der für die Freud'sche Psychologie zentralen Geschichte der Bewegung von einer Zwei-Personen- zu einer Drei-Personen-Beziehung.

Vor der Überlegung, was uns diese Geschichte über die Art und Weise sagen könnte, wie Individuen Zugang zu Gruppen finden, muss die wichtige Frage der Relevanz angesprochen werden, weil, wie Sie richtig hervorheben, die Mehrheit der Familien in der Welt nicht aus dem netten Dreieck Mutter, Vater, Kind besteht. (Obwohl ich behaupten würde, dass eine universale Bedeutung in der Tatsache liegt, dass wir alle so beginnen, was auch immer danach geschieht. Für uns alle übt die Paarung von Mutter und Vater, das sogenannte Geheimnis des Lebens, eine tiefe, aber verbotene Faszination aus – eine Faszination, die so schwer in unserem Bewusstsein unterzubringen ist, dass sie oft durch eine seltsame, unerklärliche Gleichgültigkeit oder durch Widerwillen ausgedrückt wird – die Bestätigung, dass es etwas ist, an das man nicht denken, das man nicht wissen kann oder darf.)

Psychoanalytiker können Menschen in Rage bringen, wenn sie so reden, als wäre ein überholtes, altmodisches Familienmodell sowohl die Norm als auch das Ideal, als wäre eine bestimmte, enge Form des konventionellen Mittelklasse-Familienlebens universell vorgeschrieben, um geistig gesunde Menschen hervorzubringen. Doch in der zeitgenössischen psychoanalytischen Theorie wird die ödipale Entwicklung dargestellt in Form von Stufen der bewusstseinsmäßigen Erfassung von Beziehungen, und nicht als Vorgänge in konkreten Beziehungen mit äußeren Figuren.

Um kurz vorzupreschen: Das bedeutet, dass auf der Grundlage der Situationspsychologie das Kind eines alleinerziehenden Elternteils oder ein Kind in einer großen Familie sehr wohl ein Niveau der Reflexion über sich in Beziehung zu anderen erreichen kann, das das Kind in einer kleinen Familie mit Vater und Mutter nicht erreicht. Noch einmal, es ist eine innere und keine äußere Angelegenheit.

Um zum Anfang der ödipalen Geschichte zurückzukehren, wie sie von der heutigen Psychoanalyse neu erzählt wird: Die erste Stufe oder Szene im Bewusstseinstheater des Kleinkinds umfasst zwei Objekte, und das ist zu diesem Zeitpunkt alles, was der kleine Geist und Körper aufnehmen kann. Da ist das Kinder-Ich, das ungefähr in den ersten paar Monaten nicht als Ich erlebt wird, sondern mehr als eine Quelle von Bedürfnissen – Bedürfnisse in Form eines Hungergefühls, eines Kälte- oder Schmerzgefühls. Und da ist das andere, am Anfang nicht als eine andere Person angesehen, sondern als Objekte oder Objektteile, die auf die Bedürfnisse reagieren oder nicht – die Brust, die befriedigt, die Brust, die frustriert, die Arme, die Wärme und Geborgenheit bringen, die Arme, die nicht kommen wollen. Es braucht etliche Monate, man nimmt an ungefähr sechs, bis mentale Bilder eines Ichs in Beziehung zu einer anderen vollständigen Person auftauchen.

In der Freud'schen Psychologie ist es das Ich, das von Anfang an existiert, dann das Ich in Beziehung zu einem anderen (unsere erste Lektion in Liebe und Hass, in Befriedigung und Frustration). Dann ist es das Ich in Beziehung zu einem anderen, das wieder in Beziehung zu einem anderen steht (unsere erste Lektion in Moral, wie wir uns unter Berücksichtigung der Bedürfnisse und Wünsche anderer zu verhalten haben). In der Klein'schen Psychologie ist es von Anfang an das Ich in Beziehung zu einem anderen, sogar im Mutterleib. Das Ich unabhängig von Beziehungen gibt es nicht.

Die Integration der verschiedenen Teile, die als das andere erlebt werden, zur Gestalt einer ganzen anderen Person kündigt wie schon beschrieben an, was Klein »die depressive Position« nannte – einen Geisteszustand, der Komplexität und Ambivalenz erfassen kann. Das andere, meist in Gestalt der Mutter, wird vom sich entwickelnden Kleinkind nun vollständiger als eine eigenständige Person erfasst, eine, die Gefühle der Frustration, der Enttäuschung und der Sehnsucht neben Gefühlen der Liebe, der Ruhe und der Befriedigung auslöst.

Die Fähigkeit, andere als komplexe Wesen zu sehen, die zu Gutem, Bösem und Grautönen dazwischen imstande sind, und Frustration und Ambivalenz zu ertragen, ist, wie mir scheint, für ein konstruktives Engagement im Gruppenleben wesentlich. Das ist etwas, was es Menschen ermöglicht, sich zusammenzutun und unter Einsatz von Zeit und Mühe an einer gemeinsamen Problemlösung zu arbeiten. Ohne diese Fähigkeit bei einigen oder vielen Gruppenmitgliedern erliegen Kollektive dem Sie-und-wir-Denken, brechen entweder in Cliquen oder in Grüppchen innerhalb einer Gruppe auseinander, oder sie organisieren sich um die Wahrnehmung eines äußeren Feindes herum.

Man muss in diesem Zusammenhang hervorheben, dass die Entwicklungsaufgaben in Verbindung mit der depressiven Position nicht als etwas gesehen werden, was wir ein für alle Mal tun und was später keine Rolle mehr spielt. Wir erlangen die Fähigkeit, Komplexität und Ambiguität zu ertragen, nicht ein für alle Mal. Stattdessen werden diese Aufgaben innerhalb der Psychoanalyse als Themen begriffen, die während des ganzen Lebenszyklus immer wieder auftauchen, und besonders in Zeiten von Stress und Entwicklung.

Heute neigen wir zu der Auffassung, dass das Maß, in dem das wachsende Bewusstsein die Integrationsarbeit bewältigt hat, seine Fähigkeit stark beeinflusst, ein drittes Objekt aufzunehmen, was in Form der inneren Repräsentation einer Beziehung zwischen seinem ersten Objekt und einem anderen – sei es der Partner eines Elternteils oder eines Betreuers, ein Geschwisterkind oder ein Interessengebiet beziehungsweise eine Aktivität – geschieht. Man geht davon aus, dass das Kleinkind, wenn es sich in seiner Primärbeziehung sicher fühlt, wenn es sich auf den Zugang zu der Person, auf die es am grundlegendsten angewiesen ist, verlassen kann, eher daran denken kann, sie zu teilen.

Die Fähigkeit, im eigenen Bewusstsein einen Raum für Beziehungen zwischen anderen zu schaffen – für die unabhängige Existenz solcher Beziehungen als einer Quelle von Kreativität, über die man begrenzte Kontrolle hat, aber aus der man schöpfen und auf die man sich verlassen kann –, bestimmt meiner Ansicht nach auch die Weise, wie man an Gruppenarbeit herangeht. In einer denkwürdigen Arbeit hat Ronald Britton diesen Denkraum als dreidimensional beschrieben, indem er sich auf die Fähigkeit bezog, eine dritte Position einzunehmen, um sich in Beziehung zu einem anderen zu beobachten.[11] In diesem Schema bildet die ödipale Entwicklung die Grundlage für einen besonderen Typ des reflektierenden

Denkens – einen Typ des Denkens, der wahrscheinlich von besonderer Bedeutung für das Maß ist, in dem eine Gruppendynamik eine konstruktive oder eine regressive Wendung nimmt, weil viel von dem, was wir in Gruppen tun, als Reaktion darauf geschieht, was zwischen anderen Menschen vor sich geht.

Meiner Meinung nach bestimmt die Fähigkeit, eine dritte Person im Bewusstsein unterzubringen, teilweise das Potential für die Aufnahme einer vierten, fünften, sechsten Person und so weiter. Drei steht für drei und mehr.

Das Individuum, das es nicht erträgt, aus den Beziehungen anderer ausgeschlossen zu sein, eignet sich vielleicht eine autoritäre Haltung an und versucht, die Aktivitäten anderer Menschen in einer Gruppe zu kontrollieren, und drängt sich zwischen andere, so dass die einzige Person, zu der solche Menschen eine irgendwie wesentliche Beziehung finden, der Führer ist. Wir meinen diese Form der Führerschaft, wenn wir vom Prinzip »Teile und herrsche« sprechen. Oder vielleicht ziehen sie sich aus der Gruppe zurück, bestreiten, dass sie auf sie angewiesen sind, und berauben sich jeder Möglichkeit einer Dreiecksbeziehung. Oder sie verhalten sich vielleicht in der Gruppe, als bestünde diese aus einer Reihe von Zweierbeziehungen, sie teilen Geheimnisse und verschwören sich mit anderen Individuen und erkennen die Gruppe nicht als Gemeinschaft an, die aus einer Anzahl von Personen besteht.

166

Ich könnte so fortfahren ... Aber mein Hauptpunkt ist, dass jedes individuelle Mitglied einer Gruppe frühe Familienerfahrungen verinnerlicht haben wird, und zwar auf eine Weise, die Auswirkungen auf die externe Gruppensituation hat. Das bestimmt dann die Art und die Stärke ihrer Beteiligung am Gruppenleben und was sie von anderen fordern und erwarten, sowohl auf einer bewussten als auch auf einer unbewussten Ebene, und es ist auch entscheidend für die kreative oder destruktive Kraft, die durch die Gruppensituation bei ihnen freigesetzt wird.

NEUN

Gruppenmentalität in Kollektiven, die nicht auf der Familie basieren, wie zum Beispiel Jugendgangs oder Armeen. Melanie Klein über Mutter und Kind. Der wissenschaftliche Status von Berichten über frühe Kindheitserlebnisse. Die Rolle der mitfühlenden Projektion beim Verstehen von Erfahrungen anderer Menschen. Mitfühlende Identifikationen als Fiktionen; der fiktionsähnliche Status der Klein'schen Theorie. Verbindung zwischen Menschen als Verbindung zwischen Fiktionen. Das Ideal einer therapeutischen Psychologie, die mit Fiktionen zu arbeiten bereit ist. Banden und Mitgliedschaft in Banden: persönliche Erfahrungen. Aspekte der Banden-Psyche, die von einer Psychologie des Individuums nicht erfasst werden.

Die Rolle des anderen beim Sich-Öffnen für Selbsterkenntnis. Ich-und-du-Wahrheit im Sprechzimmer. Die kreative Arbeit der Eltern bei der Erziehung des Kindes zum Verstehen von Erfahrung. Donald Winnicott über die Entwicklung des falschen Ichs. Echtes – im Gegensatz zum quasi fiktionalen – Wissen vom anderen. Projektion, wie sie bei alltäglichen sozialen Interaktionen erlebt wird. Projektion in der psychoanalytischen Theorie. Projektion innerhalb von Gruppen. Regression. Tole-

rante und weniger tolerante Haltungen zur Phantasie inner-
halb des therapeutischen Berufs in Großbritannien. Die ortho-
doxe Haltung zur symbolischen Darstellung. Anne Alvarez
über das Verstehen des Kinderspiels von innen.

JMC – Es versteht sich von selbst, dass hinter dem von
Ihnen gelieferten Abriss über die Bewertung früher Kindheitserfahrungen ein gewaltiges Material psychologischer Literatur steht. Ich kenne diese Literatur nur sehr
lückenhaft und auf Laienniveau. Aber wir waren uns von
Anfang an einig, dass ein Laie und Außenseiter wie ich
vielleicht etwas beitragen kann. Ich möchte daher auf das
Wesentliche Ihrer Ausführungen reagieren und dann
einen allgemeinen Kommentar zur Klein'schen Darstellung des Ichs (des Kleinkind-Ichs, das noch kein richtiges
Ich ist) und des anderen wagen.

Ihr Hauptpunkt ist, dass das, was wir aus unserer Erfahrung des ödipalen Dreiecks lernen, für den späteren
Erfolg bei der Arbeit in Gruppen grundlegend ist, ja ihn
sogar bestimmen kann. In dieser Verbindung scheuen Sie
sich nicht, das u-Wort zu benutzen: Ihre Behauptung ist
universell gültig, sagen Sie. Implizit weisen Sie damit
die Vorstellung zurück, die ich früher in die Debatte geworfen habe: dass die Familie nicht das Modell für die
Gruppe sein muss und dass wir deshalb, um zu verstehen, wie Gruppen funktionieren, möglicherweise eine

Psychologie brauchen, die nicht auf der Familie basiert, insbesondere auf dem ödipalen Dreieck.

Um die Diskussion zu verankern, ist es vielleicht eine gute Idee, in den Vordergrund zu rücken, was Sie und ich uns jeweils vorstellen, wenn wir von Gruppen sprechen. Ihr Beispiel einer Gruppe (abgesehen von der Familiengruppe) ist das staatliche Gesundheitswesen oder, genauer, gewisse Abteilungen innerhalb des Gesundheitswesens. Eine solche Gruppe ist kulturell und historisch spezifisch; inwieweit man davon ausgehend verallgemeinern kann, ist fraglich.

Eine Gruppenpsychologie, die den Namen verdient, muss – so scheint mir – ein breiteres Spektrum von Gruppen berücksichtigen. Ein Beispiel dafür wäre eine Bande oder Gang von Jungen oder Jugendlichen, die ich bei unserem letzten Gedankenaustausch erwähnte, eine Gruppe, die sich auf keine offensichtliche Weise auf eine Familie bezieht. Ein noch komplizierteres Beispiel wird von der Armee geliefert oder, wenn die Gesamtheit einer Armee zu groß ist, um als Gruppe angesehen zu werden, von den einzelnen Einheiten einer Armee.

Ich nenne die Armee einen schwierigen Fall, weil die Armee ihre eigenen Vorstellungen über Entwicklungspsychologie hat und über die von neuen Rekruten aus ihrer Familienerfahrung mitgebrachten Modelle des Umgangs mit anderen. Das Armeetraining beginnt mit einem gezielten Löschen von allem, was der Rekrut über Beziehungen mit anderen gelernt hat, einschließlich andere als komplexe Wesen zu sehen und Ambivalenz zu tolerieren (ich zitiere Sie). Ich will das nicht näher ausführen. Ich möchte nur sagen, dass die mentale Programmierung des Rekruten das Ziel hat, einen gehorsamen Soldaten zu produzieren, der in einer Gruppe gut funktioniert.

Sie können einwenden, dass die von den Armeen praktizierte psychologische Programmierung auf nichts anderes als Verhaltenskonditionierung hinausläuft. Tatsache ist jedoch, dass das Armeetraining Gruppen erzeugt, die in ihrem Sinne besser funktionieren als die meisten anderen Gruppen, die Abteilungen des staatlichen Gesundheitswesens eingeschlossen. Eine gute Theorie der Gruppenpsychologie sollte auch Gruppen im Armeestil mit ihrer eigenen Armeestil-Psychologie mit einbeziehen.

Ich möchte nun zu etwas ganz anderem übergehen, zu Melanie Kleins Darstellung der frühen Kindheitserfahrungen.

Kleins Darstellung hat, wie viele psychologische Darstellungen, einen interessanten Doppelstatus. Zum ersten ist sie eine wissenschaftliche Hypothese, die sich im Wesentlichen nicht von naturwissenschaftlichen Hypothesen unterscheidet. Wir stellen unsere Hypothese auf, dann überprüfen wir sie an den relevanten Daten. Solange die Daten der Hypothese nicht widersprechen, ist die Hypothese bestätigt oder zumindest nicht widerlegt. Doch zum zweiten, da es eine Hypothese über menschliche Erfahrung ist, können wir als Menschen eigene Intuitionen in Bezug auf ihre Korrektheit haben und haben sie auch. Wenn wir keine rigorosen Positivisten sind und darauf bestehen, die Psychologie des Menschen in exakt der gleichen Weise zu erforschen wie die Psychologie der Ratten, spielen diese Intuitionen eine wesentliche Rolle dabei, ob wir die Hypothese zulassen (gern annehmen) oder nicht.

Zum Beispiel beziehen sich Darstellungen der Psychologie des Kleinkinds auf die *Bedürfnisse* des Kindes. Wir halten es nicht für nötig, eine wissenschaftliche Definition von Bedürfnis zu liefern, weil wir auf der Basis unserer eigenen Erfahrung intuitiv erfassen, was ein Bedürfnis ist, sogar wie es sich anfühlt. Ich nenne solche Intuitionen *mitfühlende* Intuitionen.

(Ich brauche wohl kaum zu sagen, dass unsere Intuitionen kein verlässlicher Führer zur Wahrheit sind und vielleicht sogar bewusst beiseitegelassen werden müssen: Man denke zum Beispiel an das von der Quantenphysik angebotene Weltbild, das unseren Intuitionen zum größten Teil zuwiderläuft.)

Wir haben das Thema Mitgefühl und mitfühlende Identifikation schon früher angeschnitten. Ganz allgemein gesehen begreife ich Mitgefühl als eine angeborene Fähigkeit des Menschen, die wachsen kann oder nicht, die verkümmern kann oder nicht, die gepflegt werden kann oder nicht; ich denke, dass sie auch imstande ist, sich über Mitmenschen hinaus auf andere Lebensformen auszudehnen.

Mitfühlende Identifikationen erlauben uns, in andere

Leben zu gelangen und sie von innen heraus zu leben. Selbstverständlich sind die anderen Leben, die wir dann leben, nicht notwendigerweise die wahren Leben der anderen, denen sie gehören. Selbst wenn das andere Leben, das wir (zeitweise) leben, kein wahres Leben ist, sondern die Art Leben, auf die wir treffen, wenn wir Romane lesen, ist es nicht notwendigerweise das wahre Leben des anderen, das wir leben – was dadurch bewiesen wird, dass Leser Romancharaktere sehr unterschiedlich verstehen.

Ich würde behaupten, dass unsere mitfühlenden Identifikationen einen fiktionsähnlichen Status haben und dass unsere mitfühlenden Intuitionen verlässlich nur fiktionale Wahrheiten liefern können.

Ab diesem Punkt möchte ich sehr vorsichtig bei meiner Argumentation sein und meine Bemerkungen auf Hypothesen über die Psychologie des Menschen beschränken, insbesondere die Psychologie des Kleinkinds.

Was Melanie Klein über sehr junge Kinder zu sagen hat, widerspricht nicht den Daten über das Verhalten von Babys. Daher haben ihre Ausführungen den Status einer stichhaltigen Hypothese – stichhaltig bis zu ihrer Widerlegung. Dennoch liegt die Attraktivität ihrer Darstellung zum Teil in ihrem intuitiven Reiz. Deshalb können Sie so einfach über ein Kleinkind-Ich ohne Struktur, als bloßer Ort von Hunger oder Kälte oder Schmerz schreiben. Sie können auch von einer Brust schreiben, die auftaucht und auf frustrierende Weise verschwindet und die die Gesamtheit der Welt ausmacht, die das Nicht-»Ich« ist.

Was macht Sie so sicher? Ich schätze, die Antwort ist, dass Sie sich eine solche Existenz vorstellen können; Sie können sich mitfühlend hineinversetzen; Sie können, kurz gesagt, ein solches Baby sein. Die Identifikation wird noch verstärkt durch ein Wissen, dass das Baby, in dessen Leben Sie sich hineinversetzen, Sie selbst sind oder waren. Obwohl Sie sich nicht bewusst daran erinnern können, dieses Baby zu sein, müssen Sie es gewesen sein.

Ich möchte hier nicht pedantisch sein, doch es ist eine Tatsache, dass wir einzig durch Erinnerung Zugang zu unseren früheren seelischen Verfassungen haben. *Ich erinnere mich daran, welche große Angst ich hatte. Ich erinnere mich, wie ich ihn liebte.* Doch wir können uns genauso wenig daran erinnern, wie wir uns als Neugeborenes fühlten, wie wir uns an das Leben im Mutterschoß erinnern können. Aus irgendeinem Grund hat Gott uns diese Fähigkeit nicht mitgegeben. Wenn wir unser neugeborenes Ich mitfühlend bewohnen, bewohnen wir eine Fiktion.

Fiktionen sind weder wahr noch falsch im normalen Sinn dieser Wörter. Es gibt vielleicht einen anderen Sinn, in dem sie wahr oder falsch sein können, doch das spielt hier keine Rolle. Für meine Zwecke reicht es aus zu sagen, dass Kleins Bericht von der Erfahrung des Neugeborenen eine Fiktion ist. Sie scheinen zufällig zu glauben, dass es ein wahrer Bericht ist, und ich bin geneigt zuzustimmen. Aber es ist dennoch ein fiktionaler Bericht, eine Geschichte darüber, wie man sich als Baby fühlt.

Ich verknüpfe unsere ganze Diskussion mit einem Essay von fast biblischem Status des Philosophen Thomas Nagel, der den Titel hat »Wie fühlt es sich an, eine Fledermaus zu sein?«[12] Nagels entscheidender Schachzug ist es, zwischen zwei Formen der Frage zu differenzieren: *Wie würde es sich für einen Menschen anfühlen, eine Fledermaus zu sein?* und *Wie fühlt es sich für eine Fledermaus an, eine Fledermaus zu sein?* Er meint, in der ersten Form sei die Frage zu beantworten, in der zweiten Form nicht.

Ich bin anderer Meinung als Nagel. Ich glaube, dass man durch mitfühlende Projektion, wenn man sich gewaltig anstrengt, eine intuitive Ahnung davon bekommen kann, wie es sich für eine Fledermaus anfühlt, eine Fledermaus zu sein. Das läuft aber nicht auf die Behauptung hinaus, dass man Intuitionen davon haben kann, wie es sich *wirklich* für eine Fledermaus anfühlt, eine Fledermaus zu sein. Nach Nagel ist das einzig wahre, reale Wissen, was man darüber haben kann, wie es sich anfühlt, irgendjemand oder irgendetwas auf der Welt zu sein, eine Form des Wissens darum, wie es sich anfühlt, man selbst zu sein. Anderes derartiges Wissen mag wahr sein, doch es handelt sich dabei um die Wahrheit von Fiktionen. Darunter fällt auch das Wissen darum, wie es sich für ein Neugeborenes anfühlt, ein Neugeborenes zu sein.

◆ ◆ ◆

AK – Sie machen eine klare und zwingende Aussage: Das Einzige, worüber man wirklich die Wahrheit wissen kann, ist das eigene Ich. Aber für einen Therapeuten, der Menschen in Not zu helfen versucht, ist es einfach nicht relevant, ob etwas die Wahrheit oder eine Fiktion nach den von Ihnen dargelegten philosophischen Kriterien ist. Das Thema hatten wir schon behandelt. Ich bin keine Philosophin, ich bin Psychologin, und mir den Kopf über das genaue Wesen der WAHRHEIT, großgeschrieben, zu zerbrechen ist der Situation, in der ich mich befinde, nicht angemessen. Bei dieser Situation geht es um einen Menschen, meist in großer Not und Verwirrung, der Mitgefühl und Verständnis sucht.

Für den Hilfesuchenden ist es gewöhnlich besonders wichtig, welche Art von Beziehung er im Sprechzimmer bekommen kann. Und deshalb ist ein Gemisch aus Wahrheit und Fiktion, wie unbefriedigend nach philosophischen Kriterien auch immer, das von einer Person angeboten wird, die mit aller ihr zur Verfügung stehenden Intelligenz, allem Mitgefühl und Verständnis versucht, sich die Situation des anderen von innen heraus vorzustellen, viel mehr wert als eine reine, einsame Wahrheit. Eine Ich-und-du-Wahrheit, eine relationale Wahrheit, ist viel wertvoller als eine, die separater und sicherer ist.

Lassen Sie mich das weiter ausführen. Alles, worüber wir von einem philosophischen Standpunkt aus wirklich Bescheid wissen können – oder der einzige *Weg*, durch den wir über irgendetwas Bescheid wissen können –, sind wir selbst. Doch die psychoanalytische Theorie der menschlichen Beziehungen, meiner Meinung nach eine überzeugende Theorie, behauptet, dass wahre Selbsterkenntnis nicht auf sich allein gestellt erreicht werden kann, dass wir auf andere angewiesen sind, um uns selbst zu erkennen. Und sie liefert auch eine Theorie, wie wir in den frühen Entwicklungsstufen von anderen abhängen, um zu lernen, wie man zu Erkenntnis kommt.

Das bedeutet, dass ein anderer Mensch über ein Neugeborenes nachdenken muss, damit es zu denken und sich selbst zu erkennen anfangen kann. Es braucht Wörter für seine wortlosen Erfahrungen, einen einfassenden Rahmen für seine rohe, unverarbeitete Erfahrung. Der kreative Imaginationsakt, den Mutter / Vater oder Betreuer auf sich nimmt, um darüber nachzudenken, wie es sich anfühlt, ein Baby zu sein, und wie es sich anfühlt, dieses bestimmte Baby zu sein, trägt zum frühesten Gefühl des Kindes für die Wahrheit über sich selbst bei. Man erlebt Eltern ständig bei dieser kreativen Arbeit, wenn sie bei einem Baby sitzen und sich fragen, was es wohl fühlen mag, was es befriedigt oder irritiert, und sich stellvertretend für das Baby eine bestimmte Art des Verhaltens oder der Reaktion erklären.

Man nimmt an, je mehr jemand von dieser Art Fürsorge gehabt hat, desto besser wird er in der Kindheit und im späteren Leben in der Lage sein, sich dem Erkennen der Wahrheit über sich – und im weiteren Sinne der Wahrheit über andere – zu widmen.

Der Psychoanalytiker Donald Winnicott hat viel zum Thema Authentizität veröffentlicht.[13] Er schuf den Begriff des falschen Ichs, das sich entwickelt, wenn das kleine Kind zu viel von der Wahrheit des anderen aufnimmt, zu Lasten der eigenen sich entwickelnden Fähigkeit, sich selbst zu erkennen. Winnicott benutzte die Metapher Zwangsernährung, um zu beschreiben, wie diese externe Nahrung – in diesem Fall der symbolischen Art – dem Kleinkind aufgezwungen oder von ihm in großen Mengen aufgenommen werden kann, statt dass sie in Reaktion auf seinen Wissensdurst vernünftig verabreicht wird.

Mir fällt eine Patientin ein, die ich betreue, deren dringlichstes Problem darin besteht, dass sie beständig und zwanghaft über andere nachdenkt, während sie wirklich sehr wenig über sich selbst weiß. Sie kann sich kompetent über andere äußern, über deren Gefühle und Beweggründe und so weiter. Aber wenn es darauf ankommt, über sich selbst nachzudenken, ist sie blockiert. Ihre Eltern waren in der frühen Kindheit der Patientin stark mit den eigenen beträchtlichen Sorgen beschäftigt, und sie musste mit den Gefühlen und Problemen der anderen umgehen, statt dass ihr geholfen wurde, mit ihren eigenen umzugehen. Ihr Abwehrmechanismus war offenbar, die Existenz von Gefühlen und Problemen bei sich ganz zu leugnen; in ihrem Bewusstsein scheinen andere Menschen real zu sein und sie selbst nicht; andere Menschen haben Gefühle, über die man etwas wissen kann, sie aber nicht. In der Therapie arbeite ich daran, ihr zu helfen, ein

Bewusstsein für das eigene Ich zu schaffen, und sie reagiert verständlicherweise sehr empfindlich darauf, inwieweit ich ihr mein Verständnis aufdränge und inwieweit ich in der Lage bin, mich ihr angemessen zu widmen.

Es stimmt, dass wir, wenn wir mit anderen Menschen zusammen sind, die meiste Zeit uns sehr bemühen müssen, uns gewaltig anstrengen müssen, wie Sie es ausdrücken, um zu verstehen, wie es sich anfühlt, diese anderen Menschen zu sein. Aber wenn man der psychoanalytischen Theorie der projektiven Identifizierung glauben darf, gibt es das Potential für Momente, in denen wir ein relativ unverfälschtes Gefühl dafür bekommen, wie es sich anfühlt, jemand anders als wir selbst zu sein. Etwas wird uns unbewusst mitgeteilt, so dass wir etwas an eines anderen statt fühlen können – dass wir, wenn man so will, eine reale, unverfälschte Kostprobe davon bekommen, wie es sich anfühlt, der andere zu sein. Die Vorstellung ist, dass Menschen das mit unerwünschten Aspekten des Ichs tun und dass eine solche Kommunikation sich sowohl auf den Wunsch gründet, etwas über sich nicht wissen zu wollen, als auch auf eine echte Hoffnung, wie ambivalent sie auch sein mag, etwas zu verstehen.

Das Beispiel, das ich in meinem Unterricht immer benutze, ist das des Typen, der andere gern tyrannisiert und schikaniert, der ein Talent dafür hat, andere sich klein und verängstigt fühlen zu lassen, damit er oder sie sich nicht selbst so fühlen muss. Die meisten wissen über diesen Typen Bescheid. Aber es gibt auch Menschen, die uns klug oder witzig, langweilig oder unbehaglich fühlen lassen, und es lohnt sich immer zu fragen, ob es bei unserer Reaktion einen Aspekt gibt, der am besten als eine Projektion verstanden werden kann – ein Aspekt des anderen, der uns sozusagen zum Aufbewahren übertragen wurde und nicht als eine eher direkte Kommunikation von einer Person zur anderen. Es gibt zum Beispiel den Lehrer, dessen Talent, andere zu ermutigen und zu fördern, sich auf das Vertrauen in das eigene Wissen und Können gründet; und es gibt den Lehrer, dessen offenbar gleiche Fähigkeit auf Kosten, oder direkt wegen, eines erstaunlichen Mangels ebendieses Selbstgefühls funktioniert. Sie geben anderen, was sie für sich nicht erlangen können.

Die psychoanalytische Theorie stellt die These auf, dass wir die Teile von uns, die wir loshaben oder von denen wir nichts wissen wollen, auf andere projizieren, und dass wir damit, um Ihr Argument aufzugreifen, andere aktiv, wenn auch unbewusst, dazu einladen, etwas über uns zu wissen, was wir selbst über uns nicht wissen. Als Therapeuten wird uns beigebracht, diese Art von Kommunikation an ihrem seltsamen Charakter, ihrer Andersartigkeit, zu erkennen, zum Beispiel an der Tatsache, dass man sich am Anfang der Sitzung wach fühlt, sich dann aber matt oder gelangweilt fühlt, oder dass man ganz ruhig war, aber dann ein Gefühl der Panik erlebt. Nach meiner Erfahrung ist es sehr hilfreich, ganz genau auf die Details dieser Art von Erfahrung zu achten – ich meine, hilfreich, weil man etwas über den seelischen Zustand des Patienten erfährt.

Wohin uns das in Bezug auf unser Nachdenken über Gruppen führt, dessen bin ich mir nicht sicher. Ich glaube ganz gewiss, dass unbewusste Kommunikation in Form von Projektion in Gruppen sehr oft stattfindet. Individuen oder Untergruppen übernehmen Rollen für andere und verhalten sich auf eine Weise, die außerhalb der Gruppe für sie untypisch wäre. Wir erleben zum Beispiel oft eine Gruppensituation, bei der Autorität sich in einer Person lokalisiert und von anderen abgelehnt wird; oder eine, bei der sich Verwundbarkeit und Verwirrung in einer Person lokalisieren, einer Person, die wir Sündenbock nennen, so dass wir anderen die Illusion pflegen können, von diesen ungemütlichen Gefühlen frei zu sein.

Ich verstehe eine regredierte Gruppe als eine, in der eine Menge dieses unbewussten Kommunikationstyps vorkommt, doch die Gruppe sich dessen sehr wenig bewusst ist. Wenn wir also an eine typisch hierarchische Ordnung zum Beispiel in einer Armeeeinheit denken, ist eine regredierte oder dysfunktionale Situation eine, in der Menschen, die verschiedene Rollen spielen, sich gezwungen fühlen, diese Rollen zu spielen, auch wenn es dafür keine Notwendigkeit gibt. Eine funktionalere Situation wäre durch die gleichen klar umrissenen Rollen charakterisiert, jedoch getragen vom Verständnis, warum die Menschen in der Gruppe handeln, wie sie handeln. Aus psychologischer Sicht ist nichts verkehrt an einer Armee, wenn eine Armee sich wie eine Armee verhält und sich auf eine vernünftige Weise organisiert, um auf militärische Situationen vorbereitet zu sein; doch es gibt ein Problem, wenn die Soldaten so viel von ihrer Autorität abgegeben haben, dass sie, wenn erforderlich, nicht denken können, oder wenn der Kommandeur so machtbesoffen wird, dass er nicht weiß, wann er die Hilfe oder den Rat anderer Menschen braucht.

♦ ♦ ♦

JMC – Erstens.

Mich beunruhigt der Verdacht, dass ich unfair zu Melanie Klein gewesen bin, die Ihnen wichtig ist, wie ich weiß. Des Weiteren sollte ich mir Ihre Mahnung zu Herzen nehmen, dass ein Patient, der in Not zu einem Therapeuten kommt, Mitgefühl und Verständnis sucht, keine Abhandlung über den Unterschied zwischen fiktionalen Wahrheiten und fiktionalen Fiktionen.

Aber Sie gehen zu weit, wenn Sie das Verhältnis zwischen Patient und Therapeutin, ein Verhältnis, das sowohl auf dem menschlichen Mitgefühl als auch auf Ihrem professionellen Einblick beruht, eine »relationale Wahrheit« nennen. Das dehnt den Wahrheitsbegriff so weit, dass er seiner Brauchbarkeit beraubt wird. Ich würde die Aussage vorziehen, dass Patient und Therapeutin das Gefühl einer authentischen Beziehung haben und somit die Frage offenlassen, ob es sich nicht um eine Verbindung zwischen zwei Konstruktionen handeln kann – die des Patienten und die der Therapeutin.

Dass ich es bevorzuge, die Frage offenzulassen, geschieht nicht in einem Geist des destruktiven Skeptizismus. Ich glaube, wir können uns vorstellen, dass wir uns beständig mit Konstruktionen (Fiktionen) von anderen Menschen beschäftigen, statt mit »realen« Ichs, ohne dass wir das Gefühl haben, am Rand eines Abgrunds zu stehen. Wir können auch die plausiblere (und interessantere) Vorstellung haben, dass wir es mit einem sich ständig ändernden Zusammenspiel von Schatten (Fiktionen) und kurzen Einblicken in die Realität zu tun haben.

Was ich sagen will, ist, dass jede enge oder intime Beziehung mit einer anderen Person sehr wahrscheinlich mitfühlende Projektionen mit sich bringt, selbst wenn es die Beziehung zwischen einem Patienten und einer Therapeutin ist. Daher würde ich eine therapeutische Psychologie befürworten, die, statt zu versuchen, über diese Projektionen oder Fiktionen hinaus- oder durch sie hindurchzugelangen und sie zu behandeln, als ob sie notwendigerweise die Wahrheit verbergen würden, einfach und offen unsere Fiktionalisierung des Ichs und der anderen als Teil des Lebens akzeptierte.

Es folgt ein einfaches Beispiel, was ich mit dem Akzeptieren von Fiktionen als Teil des Lebens meine. Mit besonderem Bezug zum kleinen Kind (obwohl es vielleicht auf uns das ganze Leben lang zutrifft) schreiben Sie: »Wir sind auf andere angewiesen, um uns selbst zu erkennen.«

Was wäre, wenn wir nun diese Behauptung wie folgt übersetzten: »Wir brauchen die Fiktionen von anderen über uns, damit wir unsere Fiktionen von uns gestalten können«?

Und noch ein anspruchsvolleres Beispiel: Sie schreiben: »Je mehr jemand von dieser Art [mitfühlender] Fürsorge gehabt hat, desto besser wird er ... in der Lage sein, sich dem Erkennen der Wahrheit über sich ... zu widmen.« Übersetzung: »Je mehr mitfühlende Fiktionen über sich jemandem angeboten wurden, desto einfacher wird es ihm gelingen, in der Fiktion (den Fiktionen), die er über sich hat, zu leben.«

Zweitens.

Ich habe von meinem Interesse für das, was wir grob gesagt Gruppenpsychologie nennen, berichtet, doch ich ringe noch damit, etwas Konstruktives dazu beizutragen. Ich habe mir Bions *Experiences in Groups* vorgenommen, habe aber nicht davon profitiert. Ich halte mich an Menzies Lyth' Erkenntnis, dass, sobald sich eine Gruppe bildet, beinah sofort eine Regression stattzufinden scheint, und dass deshalb eine Gruppe, wenn sie gedeihen will, auf irgendeine Art der Herausforderung (man könnte es sogar Verlockung nennen) der Regression begegnen muss; aber ich weiß nicht, wohin ich mit dieser Einsicht soll.

Ich habe mir auch Gustave Le Bon *(Psychology of Crowds)* noch einmal vorgenommen, und mein Eindruck wurde bestätigt, dass da nichts zu finden ist, worauf man aufbauen kann, außer der Intuition, die ich teile, dass die Gruppenpsychologie sich von der Psychologie des Individuums unterscheidet.

Ich bin immer noch der Meinung, dass Jugendgangs uns mehr über Gruppenpsychologie zu erzählen haben als die ziemlich künstlichen Gruppen, mit denen Bion gearbeitet hat – Gruppen von Menschen, denen die Aufgabe gestellt wurde, darüber nachzudenken, wie es sich anfühlt, in einer Gruppe zu sein – oder den Berufsgruppen, die wir bei Menzies Lyth finden.

Ich vermute, dass eine angemessene Gruppenpsychologie nicht aus unserer Tradition heraus erwachsen wird, die im Treibhaus der Wiener jüdischen Intelligenz und ihres häuslichen Umfelds entstand, sondern aus einem unerwarteten Teil der Welt heraus, wo Leben in Gruppen die Norm ist und das Konzept der Familie lockerer und/oder weiter als das unsere ist – vielleicht in Asien oder Afrika.

In Gedanken kehre ich immer wieder zur echtesten Bande zurück, der ich jemals angehörte, als ich acht Jahre alt war. Wir müssen fünf oder sechs in der Bande gewesen sein. Nach der Schule zogen wir durch die stillen Straßen von Rosebank und suchten nach einem Betätigungsfeld. Einmal standen wir am Eingangstor eines prächtigen zweistöckigen Wohngebäudes und schrien und brüllten und rüttelten am Briefkasten, in der Hoffnung, dass jemand auftauchen würde – idealerweise ein Erwachsener im Zustand der konfusen Erregung –, worauf wir lachend weglaufen würden. Bei einer anderen Gelegenheit warfen wir Kiesel durch das offene Fenster irgendeines Hauses, Dutzende von Kieseln, vielleicht Hunderte – sie müssen ein furchtbares Chaos angerichtet haben.

Warum verhielten wir uns so? Wenn solche Taten von kleinen Jungen begangen werden, tut man sie gewöhnlich als »Unfug« ab, als »Unfug aushecken«. Man erwartet, dass man kindliche Streiche dieser Art lästig, aber liebenswert findet – wenn man sie nicht liebenswert findet, stempelt einen das zum Griesgram. Der sogenannte Unfug, den wir trieben, war nicht als Unfug gedacht. Unsere Taten, so einfältig und wirkungslos sie waren, sollten Feinde oder Opfer schaffen (in diesem Fall kann man beides nicht unterscheiden), deren Empörung dann verspottet werden konnte und die in Zukunft Ziel weiterer Attacken sein könnten. Die Daseinsberechtigung einer Bande, nehme ich an, ist es, Feinde-Opfer zu haben, die im Namen der Banden-Verteidigung angegriffen werden können. Eine Bande ohne Feinde ist unvorstellbar.

Natürlich waren wir nicht die ersten Kinder, die eine Bande bildeten und unsoziale Dinge taten. Die Tradition lieferte uns die Idee, die traditionelle Jungen-Kultur. Jeder Aspekt unseres Verhaltens ist mit dem Begriff der ödipalen Revolte zu fassen – jeder Aspekt bis auf einen: die Gruppenidentität, in diesem Fall die Banden-Identität. Wenn ich mich mit Sorgfalt an das erinnere, was geschah, wenn sich die Bande an einem Nachmittag versammelte, so scheint mir, dass wir als wir selbst zusammenkamen,

186

als Individuen, mit unserer sozialen Identität; doch dann sagte einer plötzlich: »Sind wir alle da?«, und danach ließen wir unsere Identität im wirklichen Leben fallen und wurden Banden-Mitglieder mit der erfundenen Identität, die wir an diesem speziellen Tag annahmen, Bankräuber oder Banditen oder sonst was. Wir nahmen diese erfundene Identität an und bestätigten uns gegenseitig darin, und so entstand eine Gruppen-Fiktion, die uns den ganzen Nachmittag hindurch trug.

Ich halte an der Überzeugung fest, dass man von solchen Banden etwas lernen kann – aus der Art, wie die Gruppe in einen paranoiden Modus rutscht, in dem Aggression zur Selbstverteidigung erklärt wird, doch auch daraus, wie leicht Kinder zusammenkommen und sich eine gemeinsame Banden-Fiktion (»Phantasie«) geben können, in der sie sich dann eine Zeitlang, die ihnen gerade lang genug erscheint, bewegen, ehe sie wieder daraus auftauchen und zu ihrem echten Leben zurückkehren und die Fiktion für einen weiteren Nachmittag in Reserve halten.

◆ ◆ ◆

AK – Wenn Psychoanalytiker Fiktion, Phantasie und Illusion nicht als normalen, gesunden Teil des Lebens akzeptierten, dann wüsste ich nicht, wer sonst. Aber vielleicht gilt Ihre Reaktion einer gewissen Haltung der Fiktion gegenüber oder gegenüber ihren alltäglichen Manifestationen im Spiel, im Traum und in der Phantasie – eine

Haltung, die ich als missbilligend und puritanisch bezeichnen würde und die ein Verhältnis zwischen Fiktion und Realität impliziert, bei dem die Fiktion der minderwertigere Teil ist und immer zugunsten einer Verbindung mit der Realität aufgegeben werden sollte.

Sicher unterscheiden sich Psychotherapeuten in der Art, wie sie solche Produkte der Imagination behandeln, inwieweit sie an die Phantasie eines Patienten mit offenem Interesse herangehen oder davon beunruhigt werden und sich gezwungen sehen, die Exploration abzubrechen. Das erinnert mich an den Besucher einer Gemäldegalerie, der nicht mit Neugier auf die Bilder vor ihm reagieren kann, weil er zu sehr mit der Sorge beschäftigt ist, dass er sie nicht versteht. Der panikartige, besorgte Gedanke ist: »Ich weiß nicht, WAS das bedeuten könnte.« Oder: »Offenkundig bedeutet es das und das, bitte keine weiteren Fragen.«

Aus klinischer Sicht ist es interessant, über die verschiedenen Typen symbolischer oder symbolisierender Aktivität nachzudenken, die mit verschiedenen Stufen der menschlichen Entwicklung korrespondieren und verschiedenen psychologischen Zwecken dienen. Ich werde versuchen, die gegenwärtige Position der britischen Psychoanalyse dazu in groben Zügen darzulegen. Ich stütze mich dabei auf ein kürzlich veröffentlichtes Kapitel über die Entwicklung des Spiels und der Imagination, verfasst von Anne Alvarez, einer erfahrenen und geschätzten Kinder-Psychotherapeutin.[14]

Alvarez arbeitet mit extrem gestörten und sozial benachteiligten Kindern, bei denen die Fähigkeit zu spielen und zu symbolisieren konstitutionell verhindert oder sehr verzögert ist. Anders als die meisten von uns hat sie viel Zeit mit Kindern, die nicht spielen können, verbracht, und sie hat unmittelbar beobachtet, wie die Unfähigkeit zu symbolisieren Hand in Hand geht mit geistesabwesenden, affektlosen Gemütszuständen und mit dem, was sie als einen besorgniserregenden Mangel an Interesse für den Inhalt des menschlichen Geistes und die Möglichkeit von Bedeutung beschreibt. Bei diesen Kindern findet man oft eine heikle, rituelle Bindung an die konkrete, gegenständliche Welt, als ob sie in Abwesenheit eines symbolischen Bildes vom Ich in Beziehung zur Außenwelt sich umso fester an die physische Welt klammern müssten. Es ist nicht so, dass es eine direktere oder bessere Beziehung zur Realität gibt, wenn keine Symbolisierung dazwischenkommt. Stattdessen existiert eine andere Art Verknüpfung zwischen dem Innen und dem Außen, welche ohne die Hilfe von bildlicher Darstellung funktionieren muss, um Verbindungen zwischen Dingen und durch Raum und Zeit zu schaffen.

Allgemein gesagt hält Alvarez die Vorstellung für überholt, dass das Spiel dem Realitätsprinzip irgendwie entgegengesetzt ist und dass wir als Therapeuten unsere Interpretationen nutzen müssen, um hinter das Spiel zu kommen und zu verstehen, was wirklich vor sich geht. Sie erinnert an Freuds Bericht über das Spiel seines Enkels mit einer Garnrolle, um verschiedene Arten, wie das Spiel gespielt werden kann, darzulegen, abhängig vom Gemütszustand und der Entwicklungsstufe des Kindes.

Freud beschrieb, wie sein Enkel in Abwesenheit seiner Mutter mit einer Garnrolle spielte. Das Kind ließ die Rolle wiederholt fortrollen und zog sie wieder zu sich, rief dabei »fort«, als er sie fortrollen ließ, und »da«, als er sie wieder zurückzog. Freud sah im Spiel des Kindes die Aufführung eines kleinen Dramas über Verlust und Rückgewinnung, ausgeführt als Reaktion auf die Abwesenheit der Mutter. Es gibt die erste Möglichkeit, dass das Kind das Spiel spielte, um einfach einer schwierigen Situation zu entkommen, indem es sich vormachte, dass Abwesenheit und Wiederkehr etwas war, das es selbst erzeugen und kontrollieren konnte. Das ist eine Symbolisierung, die der Realität unterlegen ist, in dem Sinn, dass sie als dürftiger Ersatz für etwas, was wir in Wirklichkeit nicht haben, funktioniert. Die symbolischen Qualitäten der Garnrolle werden nicht genutzt, jedenfalls nicht auf kreative Weise, weil sie in diesem Moment nur als Stellvertretung funktioniert: Sie wird im Bewusstsein für das Ding selbst genommen. Wenn Therapeuten bei ihrer Arbeit davon ausgehen, dass eine Phantasie oder ein Tagtraum nicht mehr als eine Flucht vor einem schwierigen oder unerträglichen Aspekt der Realität ist, dann berufen sie sich auf ein ähnliches Modell der Beziehung zwischen dem Realen und dem Symbolischen.

Eine Alternative ist, dass der kleine Junge das Spiel, zumindest teilweise, als mehr oder weniger bewussten Versuch benutzte, seine Gefühle, die er als Reaktion auf das Verlassenwerden hatte, zu beherrschen. »Ich werde dich verlieren, und ich werde dich finden«, sagt er zu sich, während er die Garnrolle fortrollt und wieder zurückzieht. Er wandelt eine Erfahrung der Machtlosigkeit und Verletzlichkeit um in eine, in der er das Kommen und Gehen kontrolliert. Die Betonung liegt aber hier auf der Tatsache, dass er das nicht in erster Linie tut, um das Geschehen zu leugnen, sondern um damit fertig zu werden – um ein Kind zu werden, das so etwas ertragen kann. Diese Interpretation der Geschehnisse verdankt viel Donald Winnicott, für den Imagination von grundlegender Bedeutung war für den ganzen Vorgang, wie wir Dinge aufnehmen und uns Erfahrungen aneignen, damit wir – auf geistiger Ebene – mit ihnen etwas anfangen können.

Aber es gibt da noch eine andere wichtige Möglichkeit, worauf uns Alvarez hinweist. Es könnte ein Kind geben, das das Spiel mit der Garnrolle auf einer von uns als höher symbolisch eingestuften Ebene spielt, um »die Eigenschaften« der abwesenden Mutter und von abwesenden Dingen im Allgemeinen und die Natur seiner Beziehung zu ihnen zu erkunden. Das ist natürlich Kunst: der Gebrauch von Symbolen, um Erfahrung zu erkunden und zu verstehen.

Wie weiß ich denn schließlich wirklich, was ich über diese Person oder dieses Ding und meine Beziehung zu ihnen denke, wenn ich weiter nichts tue, als darauf in der

Welt zu reagieren? Es ist zum Teil eine Frage der Distanz und der Perspektive. Ich muss zurücktreten und eine Distanz schaffen, um über das Objekt nachzudenken, um es symbolisch in meinem Geist heraufzubeschwören, um metaphorisch darüber nachzudenken, wie es beschaffen ist und wie nicht, und um das Objekt und was es mir bedeutet besser zu verstehen.

Ich denke, wir alle zeigen gelegentlich diese Haltung der Intoleranz gegenüber Phantasie und Illusion. Vor kurzem habe ich ein Reflexionspraxis-Seminar unterstützt, in dem eine Praktikantengruppe der klinischen Psychologie detaillierte Informationen über einen Fall vorgelegt bekommt und dann gemeinsam überlegt, wie man das komplexe klinische Material deuten kann. Eine Praktikantin erzählte uns von einem Mann Ende vierzig, einer Person, die kontaktfreudig und kompetent wirkte und einen guten Job hatte; doch der Mann wohnte noch bei seinen Eltern, stritt sich häufig mit seiner Mutter und litt dazu an schweren Zwangssymptomen. Er musste alle möglichen Dinge an exakt dem richtigen Platz bei sich zu Hause haben und brachte täglich Stunden mit ihrer Reinigung zu.

An diesem Fall interessiert mich im Hinblick auf unseren Austausch Folgendes: Uns wurde berichtet, dass dieser Mann eine große Anzahl von Dekorationsobjekten gesammelt hatte und sich vorstellte, sie in dem Heim, in das er eines Tages einziehen und in dem er unabhängig leben würde, aufzustellen. Er brachte regelmäßig Zeit damit zu, diese Objekte zu säubern, bewahrte sie sorgfältig verpackt auf und wurde wütend, wenn seine Mutter sie anfasste oder verrückte.

Zunächst wurden nun die verpackten Dekorationsobjekte von unserer Seminargruppe als Symptome der Störung dieses Mannes beschrieben. Er war zweifellos »ein zwanghafter Sammler«. Die Phantasie von einem eigenen Heim war eine Flucht, die ihn daran hinderte, sich *seinen* Problemen zu stellen. Wir spürten, wie seine Eltern, Ungeduld über seine Torheit und seinen mangelnden Realismus. Aber uns kamen Zweifel – und die mentalen Ressourcen der Gruppe, das heißt eine Anzahl Köpfe, die gemeinsam an einem Problem arbeiten, halfen enorm. Wir machten uns Gedanken über die Phantasien diese Mannes von einem eigenen Leben, während er die Objekte kaufte und säuberte. Wir dachten darüber nach, welchen Wert sein Interesse für diese Dekorationsstücke hatte und was sie für ihn bedeuteten, um so besser zu verstehen – oder vielmehr damit anzufangen –, was er sich für sein Leben vorstellte. Wir dachten, wie hoffnungsvoll es war, dass er von einem hellen, schönen Leben träumte, das anders war als die schwierige, sehr düstere Situation, in der er sich befand, und wie das in die therapeutische Arbeit, die er leistete, einbezogen werden konnte, um ihn in seinem Leben weiterzubringen.

ZEHN

Zweifel an einer Therapie, die zum Ziel hat, den Patienten zu einer genaueren Wahrnehmung der vollen Realität anderer Menschen zu führen. Sind unsere Interaktionen »real«, oder sind es Interaktionen zwischen projizierten, fiktiven Ichs? Kleinen Kindern logisches Denken beibringen. Die Bedeutung von Phantasie für das Kind. Das Klassenzimmer und die Frage der Disziplin. Formen des Widerstandes gegen das Lernen auf Hochschulebene. Nutzen der Psychoanalyse für das Verstehen von Widerstand. Eine Warnung vor Laien-Psychoanalyse. Gangs junger Männer. Die Gefühlswelt der Gang.

Das traditionelle Klassenzimmer und seine physische Einrichtung. Arten des Lernens, die durch diese Einrichtung behindert werden. Gefühle von Wissbegier und die Angstgefühle, die Wissbegier begleiten; Gefühle zwischen Studenten und Lehrern. Wie die Gruppensituation die bewusste Wahrnehmung solcher Gefühle unterdrückt. Große Gruppen (Menschenmengen) im Gegensatz zu kleinen Gruppen – Unterschiede in der Gruppendynamik. Die psychische Energie der Gruppe im Interesse von Fortschritt und Lernen leiten. Übertragung im Klassenzimmer. Wie der Lehrer davon profitieren kann, wenn

er sich der Übertragung bewusst ist. Übertragung und Gegen-
übertragung im therapeutischen Rahmen. Übertragung als
eine Methode des symbolischen Denkens. Die Notwendigkeit
der kreativen Analyse des symbolischen Denkens, wie es sich in
der Übertragung ausdrückt.

JMC – Ich denke, dass ich beim Thema therapeutischer Dialog nun ein klareres Bild davon bekomme, wo wir übereinstimmen und wo nicht. Was die Meinungsverschiedenheiten angeht, habe ich eine klarere Vorstellung davon, welche verhandelbar und welche fest verwurzelt sind.

Ich will darzulegen versuchen, was ich als unsere grundlegende Meinungsverschiedenheit sehe. Sie können mir dann mitteilen, ob ich Sie entstellt wiedergebe.

Wie ich Sie verstehe, möchten Sie Ihrem Patienten – das dialogische »du« zu Ihrem »ich« – helfen, ein von mehr Selbsterkenntnis getragenes, produktiveres, glücklicheres Leben zu leben, wobei glücklich die volle Bandbreite der Konnotationen übernimmt, die es in der reichen Geschichte der westlichen Glücksvorstellungen hat. Bei einem von mehr Selbsterkenntnis getragenen Leben geht es zum Teil darum, dass man versteht, welche Beziehungen man zu anderen Menschen wirklich hat. Das bedeutet einerseits, dass man ein Verständnis für die Fülle des Lebens hat, das diese anderen Menschen führen (es sind keine Phantome, die sich in Luft auflösen, wenn man nicht mehr an sie denkt), und für die Rolle, die man realistischerweise in ihrem Leben spielt; andererseits, dass man versteht, was man von ihnen will oder braucht (welches Interesse man an ihnen hat).

Meine Position ist skeptischer. Insbesondere hege ich Zweifel daran, wie tief das Verständnis gehen kann, das Sie beim Patienten fördern wollen. Ich empfinde, dass das Leben anderer Menschen, wenn es von außen gesehen wird, fast immer eine frei erfundene, fiktive Qualität hat. Die Fähigkeit (die ich für eine moralische Fähigkeit halte), sich mitfühlend in das Leben eines anderen hineinzuversetzen, ist rar, die Fähigkeit zu anhaltender mitfühlender Projektion noch rarer. Nichts davon ist als Behauptung neu. Aber auf noch radikalere Weise empfinde ich, dass unsere eigenen Bedürfnisse und Sehnsüchte einen ebenso fiktionsähnlichen Status haben. Wir schreiben sie uns selbst zu. Wir probieren sie aus, und wenn sie uns passen, bewohnen wir sie. Eine Sehnsucht, die zu gründlich verstanden wird, verliert ihre Kraft und hört eigentlich auf, eine Sehnsucht zu sein.

Darauf läuft all mein Reden über zwischenmenschliche Beziehungen als eine Sache von miteinander verflochtenen Fiktionen hinaus. Wenn sich die Fiktionen gut miteinander verflechten, funktionieren die Beziehungen, oder sie scheinen zu funktionieren (ich bin nicht sicher, dass es einen Unterschied zwischen beidem gibt). Wenn sie sich nicht verflechten, folgen Konflikt oder Loslösung.

Alles oben Gesagte ist summarisch zu verstehen.

In dieser Richtung gibt es Interessantes darüber zu bemerken, warum Menschen, die eine erotische Beziehung hatten, diese Beziehung allmählich abhandenkommt – eine Analyse dessen, was mit dem Verlangen geschieht, wenn die Fiktion, die man vom anderen hat, zu stabil, zu verlässlich wird. Aber das würde uns vom Thema wegführen.

Man kann auch etwas über Beziehungen zwischen Menschen und Tieren sagen, besonders Haustieren. Tiere tun nichts, um uns von unseren wildesten Phantastereien, was sie denken oder fühlen, abzuhalten. Womit wir im Fall eines Tieres in Verbindung treten – die »Persönlichkeit« des Tieres –, ist eine von uns selbst geschaffene Fiktion. Es kann nicht anders sein. Und was die Frage angeht, ob Tiere entsprechende Fiktionen von uns haben, so wird diese für immer unbeantwortet bleiben, weil wir keine Ahnung haben, was es für Tiere bedeutet, oder sogar wie es sich für ein Tier anfühlt, eine Fiktion zu haben.

Ich stelle fest, dass Sie zu Gruppen nichts hinzuzufügen haben – das heißt, zu den beiden Beispielen von Gruppen, über die ich geschrieben habe, Kinderbanden und Schulklassen. Obwohl ich gestehen muss, dass ich keine Vorschläge habe, wie man die Psychologie solcher Gruppen theoretisch erfassen kann, möchte ich das Thema nicht fallenlassen. Ich hoffe, wir können später darauf zurückkommen.

Da wir gerade von Klassen sprechen – ich habe vor kurzem einen Dokumentarfilm mit dem Titel *Ce n'est qu'un début* gesehen, der 2010 herauskam. Der Film berichtet von mehreren Stunden eines Philosophiekurses (genauer: Kurs in Philosophieren), geleitet von einem französischen Schullehrer. Das Interessante an dem Kurs ist, dass die Schüler Vorschulkinder sind.

Im Verlauf des Kurses verlieren einige Schüler das Interesse und werden abgehängt, doch eine beträchtliche Zahl kapiert, was es heißt, philosophisch zu diskutieren, und ist erfolgreich. Zum Schluss reden sie auf eine Weise, die jeder intelligente Erwachsene schätzen würde: Sie wissen, was es bedeutet, eine These aufzustellen und sie mit einem Argument zu stützen, sie wissen, was es bedeutet, Beweise zu erbringen.

Zwei Dinge haben mich an dem Film und dem Projekt dahinter beeindruckt. Das eine ist, dass vernünftiger Diskurs gelehrt werden kann und einem aufnahmebereiten Kind ziemlich schnell beigebracht werden kann. Das andere ist, dass, wenn ein Kind erst einmal in der Lage ist, vernünftig zu argumentieren, die Notwendigkeit für symbolisches Spiel reduziert wird (ich spekuliere). Ich mache diese Beobachtung und denke dabei an Anne Alvarez und andere Entwicklungspsychologen, die sich für die entscheidende Bedeutung des symbolischen Spiels aussprechen.

Ich weiß nicht recht, was ich bei dem Gedanken, Spiel durch Diskurs zu ersetzen, empfinde. Einerseits ist es ein bewundernswertes Unterfangen (und ein sehr französisches!), kleinen, formbaren Geistern logisches Denken beizubringen. Wenn Sokrates von den elysischen Gefilden (les Champs-Élysées) zu uns kommen könnte, würde er gewiss lächeln und nicken. Wir werden mit dem Gerüst eines Begriffssystems in uns geboren, würde er sagen; es ist nur ein geschickter Gesprächspartner nötig, um uns Gedanken zu entlocken und uns zu zeigen, wie man sie in Bewegung setzt. Andererseits hänge ich, wie Sie wissen, an der Vorstellung der Phantasie, einschließlich der spielerischen Phantasie. Es täte mir leid, mit ansehen zu müssen, wie aufgeweckte junge Menschenkinder in vorbildliche logische Denkmaschinen verwandelt würden.

Ich erinnere mich, dass mir als Acht- oder Neunjährigem bewusst wurde, dass ich unmäßig zum Phantasieren neigte. Damals empfand ich das als eine Form des sich Gehenlassens und hatte deswegen Schuldgefühle; und diese Schuldgefühle wurden verstärkt durch die äußerst puritanische Kultur, in der ich lebte, sowie durch missbilligende Äußerungen von Menschen, die mich gut kannten, besonders von meinen Onkeln (aber nicht von meiner Mutter). Ich verglich mich mit anderen Kindern meines Alters und konfrontierte die Leichtigkeit, mit der sie sich in der Realität zurechtfanden, mit meiner Unfähigkeit. Dennoch dachte ich nie daran, mein Phantasieleben aufzugeben und mich dem realen Leben zuzuwenden. Vielmehr akzeptierte ich das Phantasieren als eine Art Geburtsfehler, eine angeborene Krankheit, zu der ich verurteilt war.

Im Rückblick bin ich froh darüber, dass ich so vernünftig war, mich nicht von meiner Krankheit zu kurieren. Ich hoffe, dass diese reizenden kleinen französischen Kinder nicht auf die Idee kommen, dass logische Analyse und vernunft-gestütztes Taktieren die einzigen Möglichkeiten sind, mit der Welt umzugehen.

◆◆◆

AK – In Verbindung mit der Diskussion über Gruppenpsychologie haben Sie vor einiger Zeit über Ihre Erfahrungen als Lehrer berichtet und über das Problem, Disziplin im Klassenzimmer aufrechtzuerhalten. Ich möchte nun dem traditionellen pädagogischen Modell konkrete Form geben, indem ich das vertraute Bild des Klassenzimmers unserer Schulzeit heraufbeschwöre. Vorn befinden sich die schwarze Tafel (oder heutzutage die weiße Kunststofftafel) und das große Lehrerpult; es gibt dort auch einen gewissen Raum, wo der Lehrer herumgehen und zu den Schülern sprechen kann. Die kleineren Schülerpulte sind in Längsreihen angeordnet, und die Schüler hinten haben eine bessere Chance, ungestraft zu schwatzen, zu träumen oder sich mit einer anderen ablenkenden Tätigkeit zu beschäftigen. Diejenigen, die eine strengere Kontrolle benötigen, sind meist vorn platziert.

Der Lehrer oder die Lehrerin befindet sich in dieser Szenerie im Mittelpunkt der Bühne und seine bzw. ihre Darbietung ist darauf ausgerichtet, den Schülern Wissen und Verständnis zu vermitteln; während die Schüler, als seien sie alle die sprichwörtlichen leeren Gefäße, die Rolle haben, sich Wissen und Verständnis eintrichtern zu lassen. Und wie Sie es beschreiben, sind die Pulte in dieser Art Klassenzimmer so angeordnet, damit die Schüler in einer Reihe getrennter Zweierbeziehungen zum Lehrer platziert sind (die Schüler hinten können die Schüler vorn nicht sehen und umgekehrt). Vielleicht noch wichtiger ist, dass diese Anordnung ihre Fähigkeit, Beziehungen untereinander zu bilden, behindern soll – oder zumindest die Interaktionen, die sich möglicherweise in einer Gruppe lebhafter Schüler ergeben könnten, begrenzen und eindämmen soll.

Ich habe so viele Filmszenen gesehen, die in dieser Art von Klassenzimmer spielten, meist in einer amerikanischen Highschool, wo die Kommunikation zwischen Schülern – die natürlich mehr aneinander als an irgendetwas anderem interessiert sind – verstohlen oder arglistig oder eindeutig aufsässig ist. Zettel werden zerknüllt und geworfen oder heimlich weitergereicht, amouröse oder aggressive Kommentare werden durch Blicke vermittelt oder leise gezischt, Texte werden auf Handys gesendet, die vor den Blicken des Lehrers versteckt werden. Die traditionale Klassenzimmereinrichtung gewährleistet nicht nur – oder versucht es wenigstens –, dass die wichtigsten Beziehungen im Raum die zwischen jedem einzelnen Schüler und dem Lehrer sind und mit einem gewissen Maß an Formalität und Abstand funktionieren. Sie dient

201

auch dazu, die Entwicklung von Beziehungen zwischen den Schülern zu verhindern oder zumindest einzuschränken. Dabei könnten sie doch kreativ mit akademischen Diskussionen in der Klasse verbunden werden. Solche Beziehungen können sich natürlich außerhalb der Klasse frei entwickeln – aber das ist eine andere Sache.

Mir steht im Augenblick ein Bild vor Augen, das Schüler an ihren Pulten als Pferde mit Scheuklappen zeigt, mit Scheuklappen, weil die Schüler / die Pferde, wenn sie sich frei nach allem, was sie interessiert oder ablenkt, umblicken könnten, natürlich keine Anweisungen befolgen oder sich geradlinig von A nach B bewegen würden.

Wir wissen alle, dass ein guter Lehrer Disziplin aufrechterhalten muss und dass ohne sie Kinder nicht lernen können. Die traditionelle Klassenzimmerordnung existiert, um bei einer Gruppe von Menschen, die zusammen mit einem Lehrer Ideen entdecken und erforschen will, das natürlich vorhandene Interesse anzuspornen und zu regulieren. Doch ich frage mich wirklich, ob das Problem bei einer solchen Anordnung nicht ist, dass sie zu wenig Raum für die Äußerung und die Entwicklung einer natürlichen, ungezwungenen Neugier lässt – Neugier sowohl aufeinander als auch auf die Ideen, die im Mittelpunkt des Unterrichts stehen –, und dass dadurch das Herstellen von Verbindungen zwischen dem Unterrichtsstoff und dem realen, spontaneren Gruppenleben verhindert wird.

Das ist eine Beobachtung, die meiner Meinung nach

unsere Aufmerksamkeit verdient, weil Kinder und Jugendliche, besonders Teenager, ein solches Interesse an sich selbst und aneinander haben; es gibt so vieles, über das sie sich informieren wollen, was im Kontext des Klassenzimmers als zu persönlich und irrelevant abgetan werden könnte. Und ich möchte wirklich gern zur Diskussion stellen, ob das im Klassenzimmer erwünschte Lernen darunter leiden würde, wenn sie auch einiges von dem, was sie besonders interessiert und was ihnen ständig im Kopf herumgeht, erforschen dürften.

Idealerweise bietet ein Kurs in einem Fach wie Literatur oder Philosophie den Schülern die Möglichkeit, die Ideen von denen zu erforschen, die anders und tiefgründiger darüber nachgedacht haben, wie wir in dieser unserer Welt leben sollen, als Individuen und in Beziehungen mit anderen, und das auf eine Weise zu tun, die ihre Vorlieben und ihr vorrangiges Interesse berücksichtigt.

Welche Gefühle liegen unter anderem der Lehr- oder Lernsituation im allgemeinsten Sinn zugrunde, einer Situation, wie wir sie alle erlebt haben – als Kinder und auch als Erwachsene? Ich würde sagen, da gibt es den primitiven Instinkt der Neugier, den Drang in uns allen nach Erkundung und Abenteuer, der geweckt werden muss, um das Lernen zu befördern, der aber allzu oft behindert und überkontrolliert wird. Ich würde Neugier von anderen verwandten Gefühlen unterscheiden, darunter Wissbegier und das Streben nach Meisterschaft, was beides von einer späteren Entwicklungsstufe ausgeht.

Diese Gefühle werden von starken Ängsten begleitet, wie ich glaube. Da gibt es die Furcht davor, wohin uns die Neugier führen wird, ob sie ein kreatives Ergebnis oder ein unerfreuliches und zerstörerisches fördern wird. Es gibt Befürchtungen, dass man etwas nicht meistern und beherrschen kann, dass man machtlos ist und dass man – aus Mangel an besseren Ausdrücken – ein Dummkopf und Stümper ist und bleibt. Das wird durch die Frage zusammengefasst: Wie soll ich *jemals* X und Y lernen?

Es spielen noch andere Gefühle in Lerngruppen eine wichtige Rolle, selbst wenn sie weitgehend unbewusst sind, Gefühle, die mehr mit den Beziehungen der Menschen untereinander zu tun haben. Da gibt es den Wunsch zu haben, was der andere hat, ob es nun der Wunsch der Schüler nach dem überlegenen Wissen und der Erfahrung des Lehrers ist oder der Wunsch des Lehrers nach dem jugendlichen Potential der Schüler. Das kann die positivere Form von Bewunderung und Anerkennung annehmen oder die negativere des Neides. Diese Gefühle schaffen ihrerseits ihre eigenen mächtigen Ängste, ob es dabei um Individuen geht, die sich klein und minderwertig im Vergleich zu anderen vorkommen und sich hoffnungslos herabgesetzt und entmutigt fühlen, oder ob sie eine Reaktion auf den von Neid und Aggression erzeugten Hass sind.

Wir können sagen, dass diese Gefühle sehr wahrscheinlich auf einer gewissen Stufe in einer Lerngruppensituation vorhanden sind, aber durchaus nicht Teil der bewussten Erfahrung sein müssen, weil die Gruppe oder Lehranstalt sich, ohne es zu wissen, auf eine Weise organisiert hat, die absichert, dass solche Gefühle – wenigstens die bedrohlicheren – in Schach gehalten werden. Sie wurden buchstäblich wegorganisiert.

Aber die Aufgabe einer Gruppe (bestehend aus Lehrern und Schülern), die zum Lernen zusammenkommt, ist doch gewiss, im Interesse der Entwicklung der Schüler zu versuchen, so gut wie möglich mit diesen Gefühlen umzugehen und sie in Grenzen zu halten, statt sie einfach zu unterdrücken oder wegzuorganisieren. Es ist zugegebenermaßen eine schwierige Aufgabe.

In Bezug auf allgemeine Gruppenprozesse sage ich hier nichts Neues: dass Gruppen von Natur aus sehr anregend und aufregend und bedrohlich sind (ich beziehe mich hier auf das Gefühl der inneren Bedrohung, das beim Individuum durch die Gruppensituation hervorgerufen wird); dass große Gruppen auf andere Art als kleine Gruppen anregend und angsterregend sind und dass alle Gruppen, groß oder klein, eine Methode finden müssen, die positiven, lebensförderlichen Ressourcen der Gruppe als Ausgleich für Gefühle zu nutzen, die destruktiver und nicht hilfreich sind. Eine Gruppe kann, bildlich gesprochen, leicht von Gemütsbewegung überschwemmt werden, und Mitglieder können sich stark gedrängt fühlen, diese Unannehmlichkeit loszuwerden – besonders wenn eine Gruppe sich zum ersten Mal trifft und kein System existiert, wie man etwas tut oder über etwas denkt. Wir erleben oft Gruppen, die den einen oder anderen Weg einschlagen, die leblos sind und daran arbeiten, Gefühle wegzuorganisieren (das Arbeitstreffen), oder die Mitgliedern zu viel Raum für ungezähmte Gefühle lassen (die Bande). Wenn wir in einer Gesellschaft lebten, die mehr Wert auf kollektive Anstrengung legte, würden wir vielleicht mehr Erfahrungen mit einem lebendigen, konstruktiven Gruppenleben haben. Gewiss existieren diese Erfahrungen, aber sie sind nicht einfach zu finden.

◆◆◆

JMC – Im traditionellen Klassenzimmer werden Pulte, wie Sie sagen, in Reihen angeordnet, um den Schüler nach vorn unter das alles sehende Auge des Lehrers auszurichten, was jede seitliche Kontaktaufnahme zwischen den Schülern ordnungswidrig macht. Ganz natürlich wird diese Anordnung von Kindern als Beschränkung ihrer Freiheit angesehen, und ganz natürlich sind sie darauf aus, sie zu untergraben. Während die Theorie besagt, dass die einzigen Transaktionen im Klassenzimmer, die von Bedeutung sind, jene zwischen Lehrer und Schülern sind, so dass alle Beziehungen außer den zwanzig oder dreißig Lehrer-Schüler-Zweierbeziehungen vernachlässigt werden können, wissen wir alle, dass das Zimmer in Wirklichkeit voller Interaktionen zwischen Schülern ist, dass Blicke, geflüsterte Bemerkungen und Gesten andauernd zwischen ihnen ausgetauscht werden. Der Lehrer kann bestenfalls erhoffen, dass vor dem Hintergrund des Kommunikationsdurcheinanders ab und zu echte Lernmomente stattfinden können.

Zu Recht heben Sie hervor, dass die Aufrechterhaltung von Disziplin eine Voraussetzung für das Unterrichten und Lernen ist. Was Sie nicht erwähnen, ist, dass die Aufrechterhaltung von Disziplin einen unverhältnismäßig großen Teil der Lehrertätigkeit in Anspruch nimmt, und dass es erschöpfend und deprimierend und letztlich geisttötend sein kann, wenn man sich Tag für Tag mit den Kindern und ihrer unerschöpflichen Fähigkeit, ungezogen zu sein, messen muss. Sosehr man etwas für die Ungezogenheit sagen möchte, indem man eine gewisse kreative Energie dafür geltend macht, so ist doch die Wahrheit, dass ungezogenes Verhalten dem Lernen feindlich ist, weil es so regressiv ist. Der Lehrer möchte die Klasse voranbringen, die Kinder weiterentwickeln; doch die Kinder als Gruppe wollen die Klasse zurück zur Anarchie des Kinderzimmers führen. Gegen die Ordnung und Disziplin, die der Lehrer einführen will, schicken die Kinder ihr Rülpsen und Furzen und Kichern ins Gefecht. Es gibt keine deutlichere Illustration der regressiven Tendenzen der Gruppe als das Verhalten einer Klasse zehnjähriger Jungen, wenn sie erst einmal außer Rand und Band sind.

Warum muss das so sein? Warum muss die Diskussion über die Lehrtätigkeit viel zu oft in eine Diskussion über

Klassenzimmerkontrolle münden; und warum muss die Kraft, Disziplin zu schaffen und zu erhalten, viel zu oft in ein Persönlichkeitsgeheimnis münden: Was der Lehrer braucht, um Disziplin aufrechtzuerhalten, ist eine starke Persönlichkeit? Warum gibt es in der Fachliteratur so wenig psychologische oder in der Tat politische Analysen dessen, was im Klassenzimmer vor sich geht? (Ich sage politisch, weil der Lehrer / die Lehrerin vom ersten Tag an vor der Aufgabe steht, seine / ihre Autorität herzustellen; während für wenigstens einige Kinder die unausgesprochene Aufgabe darin besteht, eine Autorität, deren Legitimität ihnen nicht einleuchtet, zu untergraben.)

Meine eigene Erfahrung als Lehrer habe ich hauptsächlich im Hochschulbereich gemacht, und ein Universitätsseminar unterscheidet sich zugegebenermaßen sehr von einem Grundschulklassenzimmer. Studenten benehmen sich mehr oder weniger höflich. Sie schenken dem Lehrer ihre ungeteilte Aufmerksamkeit oder scheinen es zu tun. Sie scheinen die alte Ungezogenheit hinter sich gelassen zu haben. Was ist aus dem Quell der Ungezogenheiten geworden, der beim jugendlichen Selbst dieser gleichen Studenten so unerschöpflich schien? Sind sie der Ungezogenheit entwachsen, haben sie sie abgelegt, hinter sich gelassen? Vielleicht. Doch wenn ich meinen Blick über den Seminarraum schweifen lasse, kommt mir eine weniger ermutigende Erklärung. Die ungezogensten Kinder sind einfach nicht hier. Es sind die Besonnenen, die es bis zum Hochschulniveau geschafft haben, diejenigen, die Autorität ohne Mühe akzeptieren, denen es nicht schwerfiel, sich dem System anzupassen. Die Ungezogenen sind woanders und schaffen sich ein anderes Leben.

Wir machen uns das Unterrichten leichter, indem wir die Problemfälle aus dem Pool entfernen und uns die »guten« Studenten sichern, die Studenten, die kein Problem mit Autorität haben, die ihre Ungezogenheit für ihr eigenes Vorwärtskommen verdrängt haben. Im weiteren Sinn sind die übriggebliebenen Studenten die, die das System (oder allgemeiner die Kultur) ausgesucht hat, um seine Existenz zu sichern.

Verdrängung ist der Preis, den wir für Fortschritt oder Aufstieg bezahlen. Aber es gibt eine gute und eine nicht so gute Verdrängung. Die nicht so gute Verdrängung ist blind: Wir geben etwas auf, ohne zu fragen, was es uns kosten wird, und verschließen dann die Augen vor der Frage, die weiter im Raum steht: Was haben wir verloren, um zu gewinnen, was wir gewonnen haben?

Wenn ich auf meine eigene Karriere als Universitätslehrer zurückblicke, quält mich das Gefühl, dass im Seminarraum Widerstände am Werk waren, die ich zu ignorieren oder wegzuschieben versucht habe, während ich doch hätte versuchen sollen, sie zu verstehen und ihnen etwas entgegenzusetzen.

Wie waren diese Widerstände beschaffen und wie waren sie entstanden? Eine verlockende Erklärung ist die, dass sie ein Bodensatz der Tausenden von Stunden waren, die Studenten seit dem Tag der Einschulung in Klassenzimmern verbracht hatten, Stunden, durchtränkt von Langeweile, Groll und Ungeduld. Ich, der ich spät in ihrer Ausbildung auf den Plan trat, musste die Last der Fehler meiner Vorgänger tragen.

Aber diese Erklärung ist nicht sehr stichhaltig. Die Studenten, die mir am ersten Tag eines typischen Semesters gegenübersaßen, waren nicht gelangweilt oder widerwillig oder ungeduldig. Im Gegenteil, sie waren guter Laune, voller Hoffnung, entschlossen, ihr Bestes zu geben. Welche Widerstände auch auftauchen würden, die Geschichte, die diese Studenten mitbrachten, war keine der tristen Knechtschaft unter despotischen Lehrmeistern.

Wen hätte ich konsultieren, was hätte ich lesen sollen, wenn ich herauszufinden gewollt hätte, was unter der Oberfläche vor sich ging? Wäre Psychoanalyse eine Hilfe gewesen? Wäre ich als Lehrer erfolgreicher gewesen, wenn ich meine Rolle im Klassenzimmer neu begriffen hätte als die eines Therapeuten, der die bösen Kräfte, die unser Bildungsvorhaben behinderten, an die Oberfläche bringt und exorziert?

Ich denke nicht. Die Beziehung von Lehrer und Studenten ähnelt nur entfernt der von Therapeuten und Patienten. Lehrer und Therapeut versuchen beide, eine Art menschliches Wachstum zu befördern, doch wenige Lehrer haben die Ausbildung oder die Kompetenz, sowohl einer therapeutischen als auch einer pädagogischen Rolle gerecht zu werden. Ich hatte beides bestimmt nicht. Dazu kommt, dass wenige Therapeuten sich als Lehrer sehen –

sie kommen schon einmal nicht in den Raum, die Bühne des Geschehens, mit einer Menge Stoff, den sie vermitteln wollen.

Ich möchte nun näher ausführen, was ich mit Spannungen und Widerständen im Klassenzimmer meine, indem ich zwei Fälle schildere.

Erstens. Für das Lernen auf allen Stufen, doch besonders für das akademische Lernen, ist es unabdingbar, dass man bereit sein sollte, Kritik zu akzeptieren und daraus zu lernen. Der Lehrer handelt in Beziehung zum Studenten als Führer und als Kritiker: Als Führer überträgt der Lehrer dem Studenten neue, herausfordernde Aufgaben; als Kritiker beurteilt der Lehrer die Arbeit des Studenten und liefert konstruktive Kommentare. In den Geisteswissenschaften, wo Lehrer einen großen Teil der Zeit mit dem Lesen und Kommentieren der schriftlichen Arbeiten ihrer Studenten verbringen, ist die Kritikerrolle von zentraler Bedeutung.

Eine alltägliche Klage unter den Lehrern ist, dass Studenten den Kommentaren zu wenig Aufmerksamkeit widmen. Die Studenten (lautet die Klage) nehmen das Urteil des Lehrers zu ihrer Arbeit auf (die Zensur, die Note), überspringen jedoch Vorschläge, wie man sie verbessern könnte. Als Konsequenz werden dieselben alten Fehler immer wieder gemacht, in Essay um Essay – von denselben alten Rechtschreibfehlern bis zu denselben alten fehlerhaften diskursiven Strategien. Es gibt keinen Fortschritt; ein Lernen findet nicht statt.

Dadurch dass der Student sich weigert, Kritik an- und aufzunehmen und danach zu handeln, weigert er sich eigentlich zu lernen. Der Lehrer mag seinen Teil des Vertrags gewissenhaft erfüllt haben, aber wenn der Student den seinen nicht erfüllen will, bleibt die Transaktion unvollständig. Der Lehrer kann vom Studenten verlangen, den Essay neu zu schreiben; aber wenn das als Strafe aufgefasst und grollend ausgeführt wird, was bringt das dem Studenten? Inzwischen bleibt die Quelle für die beharrliche Wiederholung und Verfestigung alter Fehler des Studenten, sein verstockter Widerstand gegen Kritik, seine Weigerung, die kritische Autorität des Lehrers zu akzeptieren, für den Lehrer im Dunkeln.

Was in solchen Fällen vor sich geht, interpretiere ich so, dass der Student den Lehrer in zwei Teile gespalten hat. Einerseits ist der Lehrer die Verkörperung der institutionellen Autorität, deren Urteil, Ja oder Nein, man akzeptieren muss, weil man nicht in der Lage ist, es abzulehnen. Andererseits ist der Lehrer ein Scharlatan, der sich noch nicht bewiesen hat, sich aber als vertrauenswürdiger Führer darstellt. Wenn du mir folgst, sagt der Scharlatan, führe und bilde ich dich. Der Student antwortet: Ich bin bereit zu tun, was das System verlangt – die schriftlichen Arbeiten zu liefern und die Prüfungen abzulegen –, um den gewünschten akademischen Grad oder das Diplom zu bekommen, aber warum sollte ich mich dir anvertrauen? Ich weigere mich; oder wenn sich herausstellt, dass eine Verweigerung zu viel kostet, gehorche ich zum Schein, während ich dir in meinem dunklen Kern weiter Widerstand leiste und dich ablehne.

Der Lehrer, der glaubt, dass ein Student mit dem Akt des Einschreibens für einen Kurs die erzieherische Autorität des Lehrers anerkannt hat, ist genauso naiv wie der Therapeut, der glaubt, dass ein Patient mit dem Akt der Einwilligung in eine Therapie die therapeutische Autorität des Therapeuten anerkannt hat. Der erfahrene Therapeut ist auf Widerstand in allen möglichen verschleierten Formen gefasst; der Lehrer sollte auf etwas ganz Ähnliches gefasst sein. Der Vorteil des Therapeuten ist, dass er aus dem Widerstand des Patienten den Gegenstand und den Stoff der Therapie machen kann; während der Lehrer, selbst wenn er die Kompetenz besitzt, sich unmittelbar mit dem Widerstand des einzelnen Studenten zu beschäftigen, nicht die Zeit hat, auf die Bandbreite der individuellen Widerstände quer durch die Studiengruppe zu reagieren und gleichzeitig die Rolle als Wissensvermittler zu spielen.

Ich brauche kaum auszuführen, dass der Student, indem er den Lehrer in eine alles verschlingende Gestalt verwandelt, deren Worte der Kritik – Worte, die mit dem Gewicht der Institution hinter ihnen ankommen – die Integrität des Ichs bedrohen, das heißt, des Ichs, das er oder sie selbst konstruiert hat, dass dieser Student den Lehrer in eine Übertragung hineinzieht, deren Erscheinungsformen – typischerweise indirekt – den Lehrer vielleicht verblüffen oder verwundern.

Zweitens. Mein zweites Beispiel betrifft ein ebenso rätselhaftes Verhalten des Studenten, aber ein andersgeartetes. Statt Widerstand zu leisten, folgt der Student dem Lehrer sklavisch, ahmt seine Art des Herangehens an ein Thema nach – was man seinen intellektuellen Stil nennen könnte – und sogar seine Eigenarten. Das geschieht nicht als Verspottung, sondern im Geist der Gefolgschaft, glaubt der Student.

Eine solche Identifizierung ist vielleicht schmeichelhaft für den Lehrer, aber sie ist wohl kaum gut für den Studenten. Der Lehrer möchte gewiss, dass man ihm folgt, doch er möchte unterwegs auch etwas erleben, was wir einen gesunden Widerstand nennen können. Es findet kein echtes Bildungserlebnis statt, wenn der Student sich vom Lehrer einfach überwältigen und erobern lässt – oder vielmehr von seiner Phantasievorstellung, wer der Lehrer ist, wofür er steht.

Die Art von Beziehung, die ich hier beschreibe, muss dem Therapeuten nur allzu vertraut sein. Wie man damit in der Therapie umgeht, weiß ich nicht. Im Lehrberuf ist damit gewiss schwer umzugehen. Wie erklärt man dem Studenten, dass es intellektuelle Unabhängigkeit ist, was man letztlich für ihn will, und dass man deshalb von ihm eine Identifizierung mit dem Wunsch, er möge sich von einem trennen, will?

Ich sollte hinzufügen, dass nach meiner Erfahrung der Student, der den Lehrer sklavisch imitiert, extrem wetterwendisch sein und sich ohne ersichtliche Provokation gegen die verehrte Gestalt wenden kann (auch das muss ein in der Therapie vertrautes Verhalten sein). Plötzliche Feindseligkeit zeigt sich oft als ein allmähliches Begreifen vonseiten des Studenten, dass er hereingelegt wurde: Während der Student nämlich aufgefordert wird, »er selbst zu sein« (eine unabhängige Meinung zu äußern, seinen eigenen Gefühlen und Reaktionen zu trauen), ist es ihm aber nur innerhalb gewisser Grenzen gestattet, »er selbst zu sein«, innerhalb der Grenzen dessen, was der Lehrer für akzeptabel hält. Gegen diesen Vorwurf kann man sich nur schwer verteidigen, weil er einen wahren Kern hat.

Die von mir beschriebenen Fälle – der erste, bei dem der Student sich weigert, die Autorität des Lehrers anzuerkennen; der zweite, bei dem der Student sich stark mit einer Phantasievorstellung vom Lehrer identifiziert – sind zwei Extreme. Aber wenn der Lehrer solche Extreme ignoriert und sich auf die weniger problematischen Studenten in der Mitte konzentriert, scheint mir das ein schlimmer Fehler zu sein. Ich würde in der Tat so weit gehen zu behaupten, dass im Fall der offenbar unkomplizierten Mittelfeld-Studenten, die einfache Beziehungen zu ihren Lehrerpersönlichkeiten haben, keine echte Bildung stattfindet. Es muss ein gewisses Maß an Widerstand geben; und durch diesen Widerstand muss man sich durcharbeiten, so dass der Student, der am anderen Ende herauskommt, zurückblicken und verstehen kann, was er durchgemacht hat.

Dem Lehrer muss widerstanden, gefolgt, widerstanden und gefolgt werden, er muss überwunden und zurückgelassen werden.

Ich möchte mich nicht zu weit von unseren Hauptanliegen entfernen, doch ich kann mir nicht versagen, darauf hinzuweisen, dass ein Durcharbeiten der Beziehung des Studenten zur Lehrerpersönlichkeit nicht stattfinden kann, wenn der Lehrer ein Bild auf dem Bildschirm ist. Bildung ist eine dialogische Angelegenheit. Universitäten, die die althergebrachte direkte Lehre abschaffen und sie mit aufgezeichnetem Unterricht (aus der Konserve) ersetzen, machen einen großen pädagogischen Fehler.

Ich lasse das Klassenzimmer jetzt hinter mir und mache eine letzte Bemerkung zum Thema Banden, speziell Gangs von jungen Männern, die sich asozial verhalten.

Wenn man sich entscheidet, dass man nach dem Gesetz leben will, dann muss man einige seiner Wünsche aufgeben. Wünsche aufzugeben ist nicht unbedingt gut für das Individuum, welche Wohltat es auch für das Kollektiv sein mag.

Es ist ein Segen, in einer friedlichen, geordneten Gesellschaft zu leben. Doch für einige ist der Preis von Frieden und Ordnung zu hoch – sie müssen zu viel von sich aufgeben oder von dem, was sie ihrem Gefühl nach sind.

Gesellschaften haben stets Probleme mit ihrer Kohorte junger Männer gehabt, und umgekehrt war die Kohorte junger Männer uneins mit der Gesellschaft. Wir sollten uns nicht vom Mitgefühl für diese jungen Männer verabschieden. Wie unsympathisch sie auch als Gruppe sein mögen, ihre existentielle Stellung ist nicht beneidenswert. In den meisten Gesellschaften, nicht-menschlichen wie auch menschlichen, gibt es keine Notwendigkeit für eine große Zahl unreifer männlicher Exemplare. In der düstersten Weltsicht gibt es den Krieg als eine gesellschaftliche Institution, damit junge Männer einander umbringen können.

Vielleicht kann man davon profitieren, wenn man Gangs mit Wolfsrudeln vergleicht. Ich mache diesen Vorschlag mit der gebührenden Vorsicht – ich möchte nicht den Anschein erwecken, dass ich behaupte, die menschliche Gang sei eine Art evolutionärer Atavismus. Doch ein einsamer Wolf ist ein Fisch auf dem Trockenen. Wölfe, Fische und viele andere Tiere sind aus psychologischer Sicht nur in Gruppen interessant. Isoliert, zu Individuen verwandelt, mit einer ihnen zugeschriebenen individuellen Psychologie, gibt es nicht viel über sie zu sagen.

Wenn wir, statt außerhalb der Gang und ihrer Gefühlswelt zu stehen, uns auf irgendeine Weise mitfühlend in diese Gefühlswelt hineinversetzen könnten, während wir gleichzeitig zu verstehen versuchten, wie die psychische Logik der Gang funktioniert, dann würden wir vielleicht die Anfänge von etwas erhalten, was zur Zeit unvorstellbar scheint: eine Psychologie der Gruppe, die selbst gruppen-psychologische Prozesse zeigt.

♦♦♦

AK – Ihre Beschreibung der intensiven, veränderlichen Gefühle, die auf die Person des Lehrers projiziert werden, spiegelt in der Tat die Übertragung wider, mit deren Hilfe die leidenschaftlichen libidinösen Bindungen des frühen Lebens auf eine Gestalt in der Gegenwart gerichtet werden. Natürlich finden Übertragungsreaktionen nicht nur im Sprechzimmer statt; sie gehören zum alltäglichen Leben. Aber in der klinischen Situation hat der Therapeut die Erlaubnis, diese unbewussten Reaktionen zu benennen und daran zu arbeiten, sie zu verstehen. Es ist wichtig festzustellen, dass es nicht in Ordnung ist, Übertragungsreaktionen zu interpretieren, ohne die explizite Erlaubnis dafür zu haben – die Erlaubnis, die zum Beispiel durch die Einwilligung eines Patienten, sich der psychoanalytischen Therapie zu unterziehen, erteilt wird.

In Situationen außerhalb der Psychotherapie kann man auf eine Weise arbeiten, die von einer Interpretation der Übertragungsreaktionen profitiert, statt sie direkt zu benutzen. Grob gesagt könnte eine solche Anwendung auf die Unterrichtssituation Folgendes beinhalten: (1) dass man für sich selbst das Wesen der Übertragung analysiert, indem man ein Verständnis dafür entwickelt, was man für einen bestimmten Studenten oder eine Gruppe von Studenten darstellt; (2) dass man dafür sorgt, dieser Darstellung nicht einfach zu folgen – entweder indem man sich ihr anpasst oder ihr zuwiderhandelt; (3) indem man, wo es möglich ist, sein Verhalten der Situation anpasst, um eine Beziehung zu fördern, die der Lernaufgabe angemessener ist.

Ihre Erfahrung in der akademischen Lehrtätigkeit ähnelt der von Freud im therapeutischen Rahmen. Zunächst hielt er die starken persönlichen Reaktionen, die am Anfang dazu tendierten, sich als romantische Gefühle der Patientinnen für die männlichen Therapeuten zu äußern, für eine echte Behinderung der therapeutischen Arbeit. Nach und nach kam er aber zu der Überzeugung, dass sie dem realen Lernprozess immanent waren – gewiss in der zwischenmenschlichen Sphäre. In der Tat, wenn bei der psychoanalytischen Therapie sich keine Übertragungsreaktion zeigt (sie dürfte wohl immer vorhanden sein, wenn auch im Verborgenen), dann kann man die Arbeit nicht machen. Die Psychoanalytiker schlugen einen ähnlichen Weg ein bei ihrer Interpretation der Gegenübertragungen (der emotionalen Reaktionen des Therapeuten auf den Patienten). Freud und Klein begriffen beide die Gegenübertragung als Behinderung der eigentlichen analytischen Arbeit, die man separat mittels einer persönlichen Analyse (Lehranalyse) angehen müsse. Dann verfasste Paula Heimann 1952 eine mutige, inspirierende Arbeit, in der sie ihre Kollegen aufforderte, dem Wert ihrer emotionalen Reaktionen auf die Patienten mehr zu vertrauen auf der Grundlage, dass »die Gegenübertragung ein Instrument zur Erforschung des Unbewussten des Patienten ist«.[15]

Durch das Medium der Übertragung liefert der Patient ebenjene Aspekte der frühen Erfahrung, über die nachgedacht werden muss, um seine Schwierigkeiten zu überwinden, die aber wegen des mit ihnen verbundenen seelischen Leids verdrängt oder unerreichbar für das Bewusstsein gemacht wurden. Er handelt nach ihnen, kann sich aber nicht an sie erinnern. Übertragung ist Erinnerung, ausgedrückt als zwischenmenschliche Aktion. Auf diese Weise konzeptualisiert, ist die Übertragung ein besonders kompaktes und kompliziertes Phänomen: Sie führt zur Reproduktion von Kernproblemen (auf diese Weise erleben wir bei gestörten Menschen die Wiederholung destruktiver Interaktionen mit anderen) und liefert gleichzeitig eine außerordentlich effektive Mitteilung über die Natur dieser Probleme. Sie überträgt Verzweiflung, die oft festgefahrene Beziehungsmuster erzeugt, und auch Hoffnung, weil der Patient dem Therapeuten damit ein reales und unmittelbares Gefühl für seine Schwierigkeiten gibt.

Natürlich ist es die Weise, in der die Mitteilung empfangen wird – ob in einem Geist der Stagnation oder der Hoffnung und des Vertrauens auf eine Verständigungsmöglichkeit –, die den Unterschied ausmacht.

Die Übertragung ist eine unmittelbare und oft stark von Erfahrung geprägte Form des symbolischen Denkens, obwohl sie selten als solche erkannt wird, weil sie per Definition den gefühlten Status einer unumstößlichen Tatsache hat, ein Ergebnis der Beziehung im Hier und Jetzt zwischen Patienten und Therapeuten und nichts anderes. Es ist dann eine der Hauptaufgaben der Therapie, die assoziativen Verbindungen zu erkunden, die die Übertragung ausmachen. Die erwünschte Verschiebung geht vom Konkreten zum Symbolischen. Die Übertragungsreaktion verschwindet nicht notwendigerweise, aber das Ziel ist, dem Patienten Schlüsselfiguren bewusstzumachen, die eine Rolle in seinem inneren Drama spielen, wie auch die symbolischen Verbindungen, die er benutzt, um gegenwärtiger Erfahrung Bedeutung zu verleihen.

Gemeinsam mit anderen Formen des symbolischen oder assoziativen Denkens, die aus dem Unbewussten aufsteigen – Träume, Witze, Versprecher –, arbeitet die Übertragung auf widersprüchliche Weise. Sie will gekannt sein, und sie will nicht gekannt sein. (Es ist etwas Paradoxes an der Andeutung, dass das Unbewusste ein Gespür für bewusstes Handeln hat, aber hier stoßen wir an sprachliche Grenzen.) Sie stellt eine Möglichkeit dar, mit einem Problemgebiet umzugehen, weil der Patient mit ihr in besonders lebhafter und vollständiger Form oft das zentrale, zugrundeliegende Problem zum Therapeuten bringt; aber sie präsentiert sich auf eine Weise, die das wahre Wesen des Problems verhüllt.

Man gerät nur zu leicht in eine reduktive Sicht der Übertragung, in der frühere Erfahrungen wichtiger Persönlichkeiten auf den leeren Schirm des Therapeuten und der therapeutischen Situation projiziert werden. In dieser Konfiguration wird der Therapeut im Kopf des Patienten einfach ein anderer, und es findet eine unmittelbare Substitution statt. Doch wir sind hoffentlich alle bessere Künstler. Das grundlegende Buch von Lakoff und Johnson über den alltäglichen Gebrauch von Metaphern kommt einem da in den Sinn.[16] Es erklärt, wie das Zusammenbringen zweier verschiedener Objekte durch Assoziation neue Möglichkeiten für die Erforschung beider eröffnet (zum Beispiel die käseähnliche Qualität des Mondes und das Glänzen frisch hergestellten Käses) und wie andere Qualitäten durch die Verbindung verdunkelt werden (das Blau des Mondes, das Gelb des Käses), verborgen durch die spezielle Verbindung, die der Geist über und vor anderen Verbindungen hergestellt hat.

Als Therapeut ist es sehr hilfreich, die symbolische Tätigkeit des Gehirns auf diese Weise zu erforschen – als ein Aufdecken und Verschleiern verschiedener Aspekte der Menschen, die es mental aufgenommen und für sich dargestellt hat, angetrieben von der dynamischen Beziehung zwischen dem, was zu einem beliebigen Zeitpunkt bewusst, und dem, was unbewusst ist.

Das psychoanalytische Narrativ, und besonders die Theorie der Übertragung, kann als tragisch angesehen werden, weil sie das Ideal der wahren, objektiven Beziehungen zwischen Menschen verdirbt. So reagieren Menschen auf die Ideen, wenn sie sie kennenlernen, ehe sie in gebührender Gründlichkeit vom Potential der therapeutischen Beziehung, unbewusste Mitteilungen zu nutzen, erfahren haben, und von der Art und Weise, in der ein Mensch in Not oder Schwierigkeiten einen anderen Menschen nutzen kann, damit er ihm hilft, sich selbst zu verstehen. Doch am Ende liefert die Psychoanalyse, wie ich es sehe, eine zwingende Theorie der menschlichen Wechselwirkungen, eine Theorie der Beziehungen, die hervorhebt, wie Menschen Dinge in Vertretung anderer Menschen empfinden, wie Menschen andere Menschen brauchen, um sich selbst zu verstehen und um wirklich zu lernen, sie selbst zu sein.

Ich glaube, es spricht vom kreativen Wert von Konfusionen dieser Art. Es ist in der Tat eine komische Erzählung der besten Art.

ELF

*Eine ideale Gesellschaft ist eine, in der sich die Fiktionen der
Bürger von sich selbst auf magische Weise miteinander vermischen.
Die Phänomenologie des Lesens. Die Beziehung zwischen
Schriftsteller und Leser als innerer Dialog. Gefahren der
Amateur-Psychotherapie im Klassenzimmer. Was der Lehrer
von der Psychoanalyse lernen kann.*

*W. G. Sebald über das Wesen der persönlichen und der historischen
Wahrheit. Sein Roman* Austerlitz. *Das Ringen der Figur
Austerlitz darum, seine historische Identität zu erfassen.
Sebald als Korrektiv für die Auffassung, dass es uns freisteht,
uns und andere zu erfinden. Der Schwerpunkt, den die Psychoanalyse
auf das Verstehen seiner selbst als fortlaufende Arbeit
legt. Das Paradox bei Sebald, dass Einschränkungen des Sehvermögens
zu einem tieferen Einblick führen können.*

*Die Anstrengungen des jungen Austerlitz, das Trauma seiner
Trennung von den Eltern und seiner Vergangenheit zu vergessen
(verdrängen). Das Rätsel, warum der erwachsene Austerlitz
keine Hilfe bei der Psychoanalyse sucht. Die Rolle des Erzählers
dabei, Austerlitz' Vergangenheit eine Form zu geben.*

Die Wiederkehr des Verdrängten und das Interesse des Romans als Genre am Beharren auf der Unausweichlichkeit dieser Wiederkehr.

JMC – Sie sagen, dass es komisch ist, dass wir unser Leben damit zubringen, über eine unangebrachte Identifikation nach der anderen nach Selbsterkenntnis zu suchen. Mag sein; aber ist es nicht auch tragisch, dass wir so komisch blind sind und nur stockend vorankommen?

Sie und ich sind bei unserem Austausch zum Ausgangspunkt zurückgekehrt. Ihre Überzeugung, dass wir lernen können, »wir selbst zu sein«, scheint ungeschwächt. Wenn es nur so einfach wäre, sage ich mir. Ich denke, dass es reicht, wenn wir uns für Fiktionen von uns selbst entscheiden können, die wir mehr oder weniger bequem bewohnen können, Fiktionen, die ohne Reibung mit den Fiktionen der Menschen um uns herum interagieren. Das wäre eigentlich meine Vorstellung von einer guten Gesellschaft, sogar einer idealen Gesellschaft: eine, in der für jeden von uns unsere Fiktion (unsere Phantasie) von uns selbst unangefochten bleibt; und wo ein großartiges Leibniz'sches Präsidium dafür sorgt, dass die Milliarden persönlicher Fiktionen nahtlos ineinandergreifen, so dass keiner von uns nachts wach liegen und sich ängstlich fragen muss, ob die Welt, die wir bewohnen, real ist.

Zufällig hörte ich vor kurzem ein Gespräch der Schauspielerin Juliette Binoche, in dem sie sagte (mutig, wie mir schien), wenn sie einen Film macht, muss ihr Verhältnis zum Regisseur ein erotisches sein – wenn es nicht so ist, leidet die Arbeit. Sie fügte schnell hinzu, dass sie damit nicht sagen wolle, sie müssten zusammen ins Bett. Doch die Schauspielerin muss bereit sein, sich dem Regisseur auszuliefern, mit seiner Vision zu verschmelzen; und umgekehrt. Sie hat das nicht weiter ausgeführt, aber ob nun bewusst oder nicht, sie spielte deutlich auf Platons Position zum Verhältnis zwischen Lehrer und Schüler an: dass die Energien, die beim Lehren und Lernen erschlossen werden, die des Eros sind.

Die Theorie von Übertragung und Gegenübertragung hilft uns – und mit uns meine ich hier nicht Sie und mich, die Außenstehenden, die Kommentatoren, sondern das Paar, das sich freiwillig auf den Prozess eingelassen hat –, auf bewusste Weise zu verstehen, was im Raum vor sich geht (dem Sprechzimmer, dem Filmstudio, dem Klassenzimmer).

Was im Klassenzimmer vor sich geht, ist natürlich Lehren und Lernen; aber die Idee des Lernens scheint mir ihre volle menschliche Bedeutung nur anzunehmen, wenn sie einschließt, dass ich erfasse, wie es geschieht, dass ich zum Verstehen komme. Deshalb habe ich eine so skeptische Haltung zum Lernen in räumlicher Distanz – Lernen von einem Lehrer, der meine besondere, individuelle Existenz nicht wahrnimmt. Ich behaupte nicht, dass Distanzunterricht gar nichts erreichen kann. Eine Wissensübermittlung ist möglich; es kann sogar, für den Studenten, Erleuchtung geben. Aber als Lernen bleibt die Aktivität beschnitten. Die wesentliche Erfahrung des Lernens, die ein Gefühl des über sich Hinauswachsens ist, bei dem man das alte Ich hinter sich lässt und ein neues, besseres Ich wird, und die eine Form der Ekstase oder *ekstasis* ist, geschieht entweder nicht, oder wenn sie geschieht, lässt sie einen in der Luft hängen.

Natürlich ergibt sich sofort die Frage: Wenn Distanz-Lernen immer eine unvollständige Art des Lernens ist, wie steht es dann mit dem Lesen? Kommen Bücher nicht auch aus einer Distanz zu uns? Können wir aus Büchern etwa nicht lernen? Lässt einen das Lesen wirklich in der Luft hängen?

Ich will nicht zu weit abschweifen, doch das Lesen fordert offenbar eine eigene phänomenologische Analyse. Es gibt ein totes Lesen und ein lebendiges Lesen. Totes Lesen, bei dem die Wörter auf der Seite nie lebendig werden, ist die Erfahrung vieler Kinder, jener Kinder, die, wie sie sagen, es nie lernen, gern zu lesen. Es ist nicht unmöglich, mit Hilfe des toten Lesens zu lernen, in einer Art Auswendiglernen; aber an sich ist es eine unfruchtbare, reizlose Erfahrung. Lebendiges Lesen andererseits halte ich für eine geheimnisvolle Sache. Es gehört dazu, dass man seinen Weg in die Stimme findet, die von der Buchseite spricht, die Stimme des anderen, und diese Stimme bewohnt, so dass man zu sich selbst (zu seinem Selbst) von außerhalb seines Selbst spricht. Der Prozess ist somit eine Art Dialog, wenn auch ein innerer. Die Kunst des Schriftstellers, eine Kunst, die nirgends studiert werden kann, obwohl man sie sich aneignen kann, liegt darin, eine Gestalt zu schaffen (ein Phantasma, das der Sprache mächtig ist), und einen Eingangspunkt, der dem Leser erlaubt, das Phantasma zu bewohnen.

(Analog zum Dialog zwischen dem Leser und der Fiktion des Lesers vom Schriftsteller beim lebendigen Lesen ist der Dialog zwischen dem Schriftsteller und der Fiktion des Schriftstellers vom Leser, der zur Schreiberfahrung gehört. Das heißt, es wird mit jemandem, einem Phantasma des Lesers, gesprochen, und dieser Jemand antwortet, während die Worte auf die Seite fließen.)

Sie sind sehr konsequent, sehr professionell (in dem Sinn, dass Sie die Integrität des Berufs schützen) in Ihrer Verdammung des Lehrers, der laienhafte Psychotherapie im Klassenzimmer praktiziert, und ich bin sicher, dass Sie recht haben. Der Schüler befindet sich in einer prekären Lage. Wenn der Lehrer nicht weiß, was er tut, kann das den Schüler am Ende verwirren und beschädigen. Aber die Lehre, die zu ziehen ist, heißt nicht, dass ein geringes Wissen – in diesem Fall ein geringes Wissen über die psychoanalytische Theorie – eine gefährliche Sache ist. Die Lehre liegt woanders.

Denken Sie an den letzteren der beiden von mir beschriebenen Fälle, den Fall des Studenten, der nichts lernt, obwohl er den Lehrer sklavisch imitiert. Viele Lehrer, die es mit einem solchen Studenten zu tun bekommen, neigen dazu, den Studenten darauf hinzuweisen, dass er nicht verstanden hat, dass intellektuelle Unabhängigkeit von ihm verlangt wird, eine Fähigkeit, eigene Ideen zu entwickeln; und dann, wenn ein paar halbherzige Ideen entwickelt und ohne Überzeugung dargestellt werden, zu schlussfolgern, dass der Student nicht viel taugt, und abzuschalten.

An dieser Stelle erkennt der Lehrer vielleicht nicht – vielleicht sieht er es auch nicht als seine Aufgabe an –, warum der Student auf einer menschlichen, psychologischen Ebene das Lernen mechanisch imitiert, statt wirklich zu lernen. Um den Studenten zu korrigieren – genauer gesagt, um ihn aus der Sackgasse, in der er steckt, herauszuführen –, braucht es mehr Nachdenken und pädagogisches Geschick, als ihm einfach zu erklären, wo er sich geirrt hat, und ihn aufzufordern, es nächstes Mal besser zu machen. Vielleicht ist es dafür nötig, Zeit mit ihm zu verbringen, Zeit ohne konkrete Aufgaben, ihn über dies und das und jenes reden zu lassen und ihm zu zeigen, dass seine Gedanken interessieren, auch wenn man vielleicht nicht seiner Meinung ist. Im Sprachgebrauch einiger Pädagogen könnte das vertrauensbildende Maßnahme heißen, aber ich halte das für keine korrekte Analyse. Mit diesem Herangehen erlaubt man dem Studenten, sich umfassender auf einer menschlichen Ebene mit einem zu beschäftigen und somit ein weniger phantastisches, ein komplizierteres und (so hofft man) wahreres Bild von der Persönlichkeit aufzubauen, mit der er in einen Dialog tritt, wenn er die nächste Arbeit schreibt.

»Funktioniert« ein solches Herangehen, in dem Sinn, dass dadurch das »Problem« des Studenten gelöst wird? Natürlich nicht. Das »Problem« der Abhängigkeit kann nicht durch eine halbstündige zwanglose Unterhaltung gelöst werden. Aber fünf oder zehn Jahre später wird die Person, zu der der Student mittlerweile geworden ist, beim Nachdenken über die Vergangenheit vielleicht allmählich begreifen, warum der Professor, in dessen Kurs er eine so schwache Leistung gezeigt hat, so unerklärlich freundlich gewesen ist; und vielleicht macht dieser Moment, diese Einsicht, die wahre (wenn auch verspätete) Lernerfahrung aus.

Dem Studenten Zeit zu schenken, anscheinend inhaltslose Zeit, ist eigentlich keine Therapie, sei es professionelle oder andere. Weder kuriert es den Studenten von dem, was mit ihm »nicht stimmt«, noch kann es einen »schlechten« Studenten in einen »guten« verwandeln. Doch es ist eigentlich auch keine Pädagogik, nicht wenn der Geist, in dem die Zeit gewährt wird, ein Freud'scher ist, womit ich meine, dass er sich nicht dem Wahn hingibt, die zwei einzigen Parteien im Raum seien der Lehrer und der Student, der Lehrer »selbst« und der Student »selbst«. Im Freud'schen Raum wird man stets begleitet von Geistern der Vergangenheit.

♦ ♦ ♦

AK – Zum Schluss würde ich mich gern dem Werk von W. G. Sebald, und speziell seinem Roman *Austerlitz* zuwenden, der veröffentlicht wurde, kurz bevor er mit Ende fünfzig bei einem Verkehrsunfall ums Leben kam. Denn wenn Dostojewskij von allen gelesen werden sollte, die Grund haben, über die möglichen Komplikationen, die mit dem Akt des Herzausschüttens verbunden sind, nachzudenken, ist Sebald eine Hilfsquelle für jeden – Psychotherapeut oder nicht –, der sich mit unserem Hauptthema beschäftigt, dem Thema, zu dem wir immer wieder zurückkehren: das Wesen der persönlichen und der historischen Wahrheit.

Die Hauptfigur, Austerlitz (was, wie sich herausstellt, nicht sein richtiger Name ist), ist im Kern geheimnisvoll, unbekannt und nicht zu ergründen – für sich selbst genauso wie für andere. Was wir dann doch über ihn und seine persönliche Geschichte (die eng verbunden ist mit der Geschichte des Zweiten Weltkriegs) lernen, erfahren wir durch seine Begegnungen und Gespräche mit einem Erzähler, über den wir sehr wenig wissen. Wenn man das Buch liest, kann man fälschlich den Eindruck bekommen, dass man den Mann Austerlitz allmählich und zusehends kennenlernt. Doch natürlich wird Austerlitz immer durch die Figur des Erzählers vermittelt, der die Aufmerksamkeit darauf lenkt, wie er Austerlitz als eine Hauptfigur studiert und sich ihm nähert. So teilt er uns zum Beispiel mit, dass er sich nach langen Gesprächen Notizen macht, um so wenig wie möglich zu vergessen. Das deutet auf die Tatsache hin, dass Austerlitz am Ende nur als eine ausgeklügelte Konstruktion (von Sebald, vom Erzähler, vom Leser) existiert, die uns genauso viel über unsere eigenen Phantasien und Identifikationen und gedanklichen Hauptbeschäftigungen erzählt wie über die tatsächliche Geschichte eines Mannes, der in die dramatischen Ereignisse Mitteleuropas Mitte des zwanzigsten Jahrhunderts verstrickt ist.

Von Austerlitz wird uns, über den Erzähler, mitgeteilt, dass seine Eltern ihn während des Zweiten Weltkriegs, als er fünf war, mit dem Kindertransport aus der Tschechoslowakei weggeschickt haben. Er wurde in Wales von einem calvinistischen Ehepaar aufgezogen, das ihm den Namen David Elias gab und ihm nichts über sein früheres Leben erzählte. Die Geschichten, die dem Erzähler von Austerlitz mitgeteilt werden, betreffen zum großen Teil die Wiedergewinnung seiner Kindheitserinnerungen sowohl aus der Zeit bevor als auch nachdem er die Tschechoslowakei verließ, und sie handeln ebenso vom Prozess des Nachforschens und Wiedererlangens wie von historischen Orten und Ereignissen.

Ihre Bemerkungen über das Verhältnis von Lehrer und Schüler lassen mich an eine spezielle Passage des Buches denken, in der Austerlitz einen Geschichtslehrer in der Grundschule beschreibt, der sein Talent und sein Interesse für Geschichte bemerkt und der später ein wichtiger Freund und Mentor wird. Der Lehrer, André Hilary, begleitet Austerlitz bei Besuchen von historisch interessanten Häusern in Oxfordshire, und Austerlitz studiert dann am gleichen College in Oxford wie Hilary und wird Architekturhistoriker.

Austerlitz, der in einer echten Identitätskrise steckt, übernimmt die Vision seines Lehrers, aber das ist zum Teil ein regressiver Schritt, der ihn noch weiter weg vom echten Selbstverständnis führt. Austerlitz bekommt vom Direktor der Schule einen zweiten falschen Namen (aus »David Elias« wird nun »Austerlitz«), und Hilary lädt den Namen mit großartiger historischer Bedeutung auf, als er die Schlacht von Austerlitz, die während der Napoleonischen Kriege stattfand, der Klasse dramatisch vorführt. Das verschafft Austerlitz das äußerst angenehme Gefühl, mit Frankreichs glorreicher und selbstverherrlichender imperialer Vergangenheit verbunden zu sein, aber natürlich ist diese Vergangenheit sehr weit von seinem tschechoslowakisch-jüdischen Erbe entfernt.

Nun möchte ich – mit Sebalds Hilfe – darauf eingehen, was Sie an der psychoanalytischen Vorstellung, oder zumindest meiner Version davon, stört, und besonderes Augenmerk auf das von ihr artikulierte Gespür für die Grenzen des menschlichen Wissens und Wirkens und das dadurch dem unbewussten vor dem bewussten Wissen gegebene Gewicht lenken. Sie bedauern, wie ich glaube, dass es so starke Beschränkungen unseres Wissens über uns selbst und andere gibt und dass wir so schwer kämpfen und arbeiten müssen, um das bisschen wirkliches Wissen und die Einsicht, die wir haben, zu erreichen. Dafür habe ich natürlich Verständnis. Doch man kann das Ganze auch auf den Kopf stellen und es als überraschend und erfreulich betrachten, dass wir es schaffen, so viel zu begreifen und zu verstehen, angesichts unseres Platzes im allgemeinen Weltenplan. Und Sebald hilft, diesen Gedankengang noch weiterzuführen, indem er die Vorstellung, dass wir nicht *trotz*, sondern *wegen* unserer Schwächen und blinden Flecke und Gebrechen – sowohl körperlicher als auch geistiger Art – Verständnis und Einsicht aufbringen, erzählerisch umsetzt.

In *Austerlitz* finden sich Bilder von Nebel, Dunst und Zwielicht zuhauf, so dass der Eindruck einer Entdeckungsreise entsteht, bei der die Farben und Figuren der Geschichte, sowohl auf der europäischen Hauptbühne als auch in Austerlitz' frühem Leben, aus der Dunkelheit auftauchen. Sie werden von ihr eingefasst und leuchten ihretwegen umso heller. Den Roman durchziehen Beschreibungen von Gebrechen, und man kann ziemlich sicher sein, dass man, ehe man etwas über eine kreative, intellektuelle oder körperliche Anstrengung hört, von der Krankheit oder Behinderung oder wenigstens dem extremen Unbehagen des fraglichen Künstlers oder Intellektuellen oder Schauspielers erfährt. Am Anfang des Buches gibt es einige amüsante Beschreibungen von Augenproblemen. Der Erzähler, über den wir, wie gesagt, fast nichts wissen, bringt es jedoch fertig, uns von einem Besuch beim Augenarzt kurz vor seiner ersten Begegnung mit Austerlitz zu berichten; und als er ihn nach zwanzig Jahren wieder zu sehen bekommt, erblickt er ihn – natürlich – am Rand seines Blickfeldes.

Welche Botschaft entnehme ich dem Roman *Austerlitz*? Es ist diese: dass wir natürlich alle jede Menge Beschränkungen und Gebrechen haben, Schwächen und blinde Flecken, die das, was wir von uns selbst und von der Welt um uns herum zu sehen vermögen, formen und verzerren. Und bemerkenswert dabei ist vielleicht nicht, dass wir in unserer Sicht beschränkt sind, sondern dass wir überhaupt irgendetwas verstehen. In der Tat, ein gewisses Verständnis dafür, wer wir sind und in welchem Zusammenhang wir stehen, ist bis zu einem gewissen Grad abhängig vom Verzicht auf das Streben nach vollkommenem Einblick. Wissen – zumindest von der Art, die Sebald interessiert – wird gewonnen, indem man Meisterschaft als Ziel aufgibt.

Ein reizendes Detail in dem Buch illustriert das: Der Erzähler berichtet uns von Opernsängerinnen der Vergangenheit, die sich Belladonna in die Augen zu tröpfeln pflegten, die dann auf der Bühne mit einer Klarheit und einem Glanz erstrahlten, die darüber hinwegtäuschten, dass die Sängerinnen überhaupt nichts sehen konnten. Die Belladonna-Tropfen ließen sie vorübergehend erblinden, und der durch sie erzeugte Anschein von vollkommener und perfekter Sicht, von glänzenden Augen, die dem Publikum eine gesteigerte Identität und Einsicht signalisierten, verbarg den wahren Zustand der zeitweisen Behinderung. Wenn man im Gegensatz dazu den

Drang nach Meisterschaft und intellektueller Kontrolle dämpft, wird man offener für gewisse Arten von Anregung und Einblick – besonders auf emotionalem und kreativem Feld.

Als Künstler müssen Sie darüber bestens Bescheid wissen. Es ist nur ein weiterer Punkt, an dem die Pfade von Kreativität und psychotherapeutischem Prozess zusammentreffen.

♦♦♦

JMC – Ich danke Ihnen, dass Sie *Austerlitz* in unsere Diskussion eingebracht haben. Sebald wollte seine Bücher nicht gern Romane nennen, doch *Austerlitz* ist ganz klar ein Roman und darüber hinaus einer der wichtigen Romane der letzten Zeit. Im Kontext von Sebalds Leben begreife ich ihn als ein im Entstehen befindliches Werk, ein Vorhaben der Geschichtsbewältigung, das zu der Zeit, als er die wenig überzeugenden letzten Seiten schrieb, noch nicht vollendet war. Somit ist das Buch für mich problematischer als für Sie und gewiss nicht geeignet, uns weise Ratschläge zu erteilen.

Trotz meiner Bewunderung für den Roman gestehe ich, dass ich mit *Austerlitz* in der Vergangenheit gerungen habe und es noch tue. Die Dichtheit seiner Textur droht mich zu überwältigen, wie die Dichtheit der Weltstruktur »Austerlitz« selbst vermutlich zu überwältigen droht. Doch die Handlung des Romans ist klar und einfach genug oder scheint es wenigstens zu sein. Ein kleiner Junge wächst in Wales bei einem Ehepaar Elias auf; er wird Dafydd oder David Elias genannt. Er wird ins Internat geschickt, wo ihm zu einem gewissen Zeitpunkt gesagt wird, sein richtiger Name sei Jacques Austerlitz. Später wird er entdecken, dass auch das nicht sein richtiger Name ist: Der Name seines Vaters war Aychenwald. Und damit endet das Buch mehr oder weniger – mit »Austerlitz«, der mehr über Aychenwald, der im Holocaust umkam, herauszufinden versucht.

In meiner Zusammenfassung fängt die Handlung nicht in der Tschechoslowakei an (wo Elias / Austerlitz / Aychenwald geboren wurde), sondern in Wales; und sie fängt dort an, weil der Junge die Tschechoslowakei vergessen oder sie verdrängt hat. Er vergisst seine Herkunft weiter, bis er in den Dreißigern ist, als eine seltsame Krise eintritt: Er hat eine Vision von einem Kind, das im Warteraum eines Londoner Bahnhofs sitzt, und ihm wird klar, dass er selbst dieses Kind ist. Diese Vision löst einen geistigen Zusammenbruch aus, der mit Gedächtnisverlust einhergeht. Er kommt für längere Zeit ins Krankenhaus und wird erst wieder »er selbst« nach einer Therapie, die aus beruhigender, gleichförmiger Arbeit in einer Gärtnerei besteht.

Gegen Ende des Buches erleidet er dann einen weiteren Zusammenbruch in Paris. Diesmal wird er zurückgebracht, indem er ein kleines Handbuch der pflanzlichen Heilmittel für seelische Nöte verschiedener Art, das aus dem achtzehnten Jahrhundert stammt, immer wieder liest.

Ich komme zu meinem ersten Argument. »Austerlitz« leidet an etwas, und als erste Annäherung an den Namen für das, was ihn plagt, fällt uns Verdrängung ein, eine Strategie, um sich gegen eine unerträgliche Vergangenheit zu verteidigen. Er war als Dafydd Elias nicht unglücklich, wie er eine Weile danach als Jacques Austerlitz nicht unglücklich war, aber diese schützende Haut gewöhnlichen Glücklichseins – des einfach Eine-normale-Person-Seins – kann dem Gewicht der in ihm eingesperrten Erinnerung nicht standhalten. Erinnerung bricht im Sprechzimmer aus ihm heraus, und die Anstrengung, sie wieder zu verdrängen, führt (vermutlich) die Lähmung durch seinen ersten Zusammenbruch herbei.

»Austerlitz« hat das psychische Trauma erlitten, ohne Vorwarnung oder Erklärung seinen Eltern, seiner Sprache und seinem Geburtsort entrissen und der Obhut kalter Fremder in einem fremden Land (Wales) übergeben zu werden. Auf einer tieferen Ebene leidet er am Trauma des Überlebens in einer Art halbwachem Zustand, während seine Familie und die mitteleuropäischen Juden allgemein ausgelöscht wurden. Auf einer persönlichen Ebene (als Junge) und auf einer symbolischen Ebene (als Holocaust-Überlebender) benötigt er Hilfe, Therapie. Eine psychoanalytische Therapie scheint wie geschaffen für ihn. Und da er in den 1960er Jahren in London lebt, hätte es auch nicht an Möglichkeiten dafür gefehlt. Doch von Psychoanalyse ist in dem Buch keine Rede. Die zwei Kuren, die »Austerlitz« findet, sind schlicht, praktisch, nicht auf irgendeiner Theorie der Psyche beruhend. Man kann nicht umhin, daraus abzuleiten, dass Sebald damit etwas sagen will: dass, wenn es eine Kur für eine Austerlitz'sche Befindlichkeit gibt, sie nicht von der Psychoanalyse kommt. Meine Vermutung ist, dass die Psychoanalyse (nach der Ansicht des Schriftstellers Sebald) keine Hilfe bieten kann, weil die Psychoanalyse ahistorisch ist (ich muss hinzufügen, dass ich keine Kenntnis davon habe, was der Mensch Sebald von der Psychoanalyse hielt).

Woran sich »Austerlitz« nicht erinnern will, ist natürlich, dass der Eisenbahnwarteraum für ihn als Fünfjähriger und Flüchtling vor den Nazis eine Zwischenstation auf seiner Reise, fort von seinem Prager Zuhause, hin zu den Waliser Tälern und der Dafydd-Elias-Identität, gewesen ist. Und wie Sie anmerken, ist der zweite Zusammenbruch mit dem Zusammenbruch der zweiten Fiktion verbunden, der Fiktion der Jacques-Austerlitz-Identität, die er seit seiner Schulzeit – belangloserweise – mit der Schlacht von Austerlitz im Jahre 1805 verknüpft hat. Denn insofern sein Name Austerlitz ist, verbindet ihn das nicht mit napoleonischen Heldentaten, sondern mit dem banaleren Gare d'Austerlitz in Paris und der mit ihm verbundenen Erinnerung an die massive Enteignung, Katalogisierung und Veräußerung der Habseligkeiten der ermordeten Juden Frankreichs.

Mein zweites Argument – ein etwas peripheres – ist daher, dass der ihn so inspirierende Geschichtslehrer Hilary ihn in Wirklichkeit in die Irre führt, indem er ihm den falschen Ort für die Suche nach seiner Herkunft, oder wenigstens nach der Herkunft seines Namens, weist. Hilary lehrt ihn falsche Geschichte.

Das dritte Argument, das ich machen möchte, bezieht sich auf meine Bemerkung, dass ich, als Leser, von *Austerlitz* überwältigt wurde. Was mich im Buch zu überwältigen droht, nämlich seine Detailflut, ist auch das, was die geistige Stabilität von »Austerlitz« bedroht. Wenn die Wunde, das Trauma, erst einmal wieder aufbricht, kann man in dem, was herausströmt, ertrinken.

»Austerlitz« kontrolliert die Erinnerungsflut (Erinnerung im weitesten Sinn, einschließlich der historischen Erinnerung Europas), indem er sie, soweit er kann, in eine Erzählung mit einer erkennbaren Chronologie oder einer Reihe von Chronologien verwandelt (die Erzählung von seinem Leben; die Erzählung von seinen historischen Forschungen; die Erzählung vom Leben seiner Mutter, soweit das recherchierbar ist; und so weiter). Das heißt, »Austerlitz« ahmt nach, was Sebald tut, wenn er einen Mann (dessen Name nicht genannt wird) erfindet, der einen Mann namens Austerlitz trifft, der ihm, in einer Folge kapitelähnlicher Ausbrüche, seine Geschichte erzählt.

Damit kommen wir zur Frage der formalen Struktur des Buches und speziell der Frage nach dem Erzähler.

Warum ist ein Erzähler nötig? Warum konnte die Erzählung nicht einfach durch »Austerlitz« erfolgen?

Die Antwort ist natürlich, dass der Erzähler kein Jude ist. Genau gesagt ist der Erzähler ein deutscher Nichtjude, mehr oder weniger ein Zeitgenosse von »Austerlitz«, ein Deutscher, der aus freier Entscheidung in England lebt. Es wäre einfältig zu behaupten, dass dieser Mann nicht »über« den Holocaust Bescheid weiß. Aber die Geschichte, die wir in *Austerlitz* lesen, ist die Geschichte eines Mannes, dem die Geschichte des Holocaust erzählt wird – genauer, eine Geschichte vom Versuch, den Holocaust zu verdrängen, und vom Scheitern dieses Versuchs, vom (gescheiterten) Versuch, ihn in die Geschichtsbücher zu packen (zu entsorgen). Insofern der Holocaust kein Teil der lebendigen Gegenwart des Erzählers ist, ist »Austerlitz« das vom Erzähler Verdrängte, ein Verdrängtes, das zurückkehrt und ihn heimsucht.

Damit kommen wir zu meinem abschließenden Argument, das Austerlitz mit Fragen verknüpft, die ich am Anfang unseres Dialogs gestellt habe. Der dramatische Bogen der Erzählung von »Jacques Austerlitz« besteht aus Verdrängung, gefolgt von einer Krise, gefolgt von der Aufdeckung der Wahrheit. Aber warum hat »Austerlitz« die anfängliche Krise, die Vision im Warteraum des Liverpool-Street-Bahnhofs? Warum muss er sie haben?

Die banale Antwort ist, dass die Vision seine Suche in Gang setzt, und ohne diese Suche hätten wir kein Buch. (Auf den ersten Seiten des ersten Romans, den wir in englischer Sprache haben, fragt sich Robinson Crusoe, warum wir uns nicht damit zufriedengeben können, einfach angenehm durchs Leben zu gleiten, warum wir uns in die Welt hinaus und in Gefahr begeben müssen, warum wir getrieben werden, »Werkzeuge unserer eigenen Vernichtung« zu werden. Die Frage ist so alt wie der Roman selbst, vielleicht so alt wie das Geschichtenerzählen: Sie setzt das Geschichtenerzählen in Gang.)

Die tiefere Antwort auf meine Frage, warum »Austerlitz« seine Vision hat, die Antwort, auf der Sebalds Buch beruht, ist, dass zurückkehrt, was verdrängt ist.

Ich frage dann weiter: Was, wenn das Verdrängte nicht immer zurückkehrt? Was, wenn für jeden jungen Dafydd / Jacques, unter dessen Füßen die Geschichten, die ihn getragen haben, wegbrechen, ein anderer Dafydd / Jacques existiert, der sich nie den Kopf zermartert, wer er wirklich ist, sondern angenehm durchs Leben gleitet, eingehüllt in die Geschichten, die er über sich erzählt bekommen hat?

Es hat keinen Zweck zu argumentieren, dass die zahllosen Beispiele von der Rückkehr des Verdrängten, um uns heimzusuchen, beweisen, dass das Verdrängte stets zurückkehrt, weil wir per Definition nichts von Fällen hören, wo das Verdrängte nicht zurückkehrt.

Es ist schwer, vielleicht unmöglich, einen Roman zu schreiben, der erkennbar ein Roman über das Leben eines Menschen ist, der von Anfang bis Ende auf bequeme Weise von Fiktionen getragen wird. Wir schaffen einen

Roman nur durch das Aufdecken dieser Fiktionen. Als Genre scheint der Roman ein grundsätzliches Interesse an der Behauptung zu haben, dass die Dinge nicht sind, was sie zu sein scheinen, dass unser scheinbares Leben nicht unser wirkliches Leben ist. Und die Psychoanalyse, würde ich meinen, hat ein vergleichbares Interesse.

ANMERKUNGEN

1 Melanie Kleins Gedanken über die paranoid-schizoide und die depressive Position werden ausführlicher dargestellt in Kapitel 2 und 5 von Hanna Segal, *Melanie Klein: Eine Einführung in ihr Werk* (Frankfurt am Main: Brandes & Apsel, 2013).

2 Neville Symington, »The analyst's act of freedom as an agent of therapeutic change«, in *International Journal of Psycho-Analysis* (1983), Bd. 10 Nr. 3, S. 283–91.

3 Der Leser findet einen Bericht über Wilfred Bions Containment-Theorie in Kapitel 16 von James Grotstein, *A Beam of Intense Darkness: Wilfred Bion's Legacy* (London: Karnac Books, 2007).

4 Hanna Segal, »Reflections on Truth, Tradition and the Psychoanalytic Tradition of Truth«, in *Imago* (2006), Bd. 63 Nr. 3, S. 283–92.

5 Isabel Menzies Lyth, »Social systems as a defence against anxiety: An empirical study of the nursing service of a general hospital«, in *Human Relations* (1960), Bd. 13, S. 95–121.

6 D. H. Lawrence, »Fenimore Coopers ›Weißen-Romane‹«, in *Der Untergang der Pequod. Studien zur klassischen amerikanischen Literatur*, übers. v. Werner Richter (Wien, Zürich: Europa Verlag, 1992), S. 51–64.

7 Isabel Menzies Lyth, »A Psychoanalytical Perspective on Social Institutions« in Eric Trist and Hugh Murray (Hg.), *The Social Engagement of Social Science, Volume 1, The Social-Psychological Perspective* (London: Free Association Books, 1990), S. 463–75.

8 W. R. Bion, *Erfahrungen in Gruppen und andere Schriften*, übers. v. H. O. Rieble (Stuttgart: Klett-Cotta, 3. Aufl., 2001).

9 Eugène N. Marais, *Die Seele der weißen Ameise*, übers. v. Magarete von der Groeben (Frankfurt / M, Berlin: Ullstein, 1987) und *Die Seele des Affen* (Esslingen: Symposion, 1973). Das erste Buch erschien zuerst zwischen 1923 und 1925 als Artikelserie in afrikaansen Zeitschriften. Das zweite war bei Marais' Tod im Jahre 1963 unvollendet und wurde posthum veröffentlicht.

10 *The Report of the Mid-Staffordshire NHS Foundation Trust Public Inquiry*, 6. Februar 2013.

11 Ronald Britton, »Die fehlende Verbindung: die Sexualität der Eltern im Ödipuskomplex«, in Ronald Britton, Michael Feldman und Edna O'Shaughnessy (Hg.), *Der Ödipuskomplex in der Schule Melanie Kleins. Klinische Beiträge*, Übers. v. Elisabeth Vorspohl (Stuttgart: Klett-Cotta, 1998).

12 Thomas Nagel, »Wie fühlt es sich an, eine Fledermaus zu sein?«, übers. v. Michael Gebauer, in: *Letzte Fragen* (Bodenheim b. Mainz: Philo Verlagsgesellschaft, 1996).

13 Donald Winnicott, »Ich-Verzerrung in Form des wahren und des falschen Selbst«, in *Reifungsprozesse und fördernde Umwelt. Studien zur Theorie der emotionalen Entwicklung* (Gießen: Psychosozial-Verlag, 2002) und Donald Winnicott *Vom Spiel zur Kreativität*, übers. v. Michael Ermann (Stuttgart: Klett-Cotta, 2006).

14 Anne Alvarez, »Spiel und Imagination: Wo pathologisches Spiel eine stärkere Reaktion des Therapeuten verlangen kann«, in *Das denkende Herz: Drei Ebenen psychoanalytischer Therapie mit gestörten Kindern*, übers. v. Monika Noll (Frankfurt am Main: Brandes & Apsel, 2014).

15 Paula Heimann, »On Counter-Transference«, in *International Journal of Psychoanalysis* (1950), Bd. 31, S. 81–4.

16 George Lakoff und Mark Johnson, *Leben in Metaphern: Konstruktion und Gebrauch von Sprachbildern* (Heidelberg: Carl-Auer Verlag, 2011).

GLOSSAR

Abwehrstrategien oder Abwehrmechanismen

Das sind allgemeine Begriffe zur Beschreibung der Art und Weise, wie der menschliche Geist reagiert, um sich vor psychischem Schmerz zu schützen. Ein solcher Schmerz bleibt dann teilweise oder gänzlich unbewusst. Die benutzte Abwehrstrategie hängt ab von der Entwicklungsstufe, dem Charakter und der seelischen Konstitution der betreffenden Person, wie auch von der Natur und dem Ausmaß des psychischen Leidens, das sie zu modifizieren oder zu beenden versucht. Abwehrmechanismen können eine Zeitlang eingesetzt und dann reduziert oder aufgegeben werden, wenn sie nicht länger gebraucht werden. Die Beendigung nicht mehr benötigter Abwehrmechanismen ist für die Entwicklung günstig. Sie können aber auch festgehalten werden, selbst wenn sie nicht länger nützlich sind. In diesem Fall behindern oder blockieren sie eine Weiterentwicklung.

Containment und Containing

Beschreibt die Aufnahme unerträglicher und unverständlicher seelischer Inhalte durch einen Therapeuten oder eine andere Bezugsperson und deren Umwandlung in eine erträgliche und verstehbare Form und die dann mögliche Rückgabe dieser Inhalte.

Forensischer Patient

Dieser Begriff bezog sich früher auf eine Person, die aufgrund einer Straftat verurteilt wurde, die aber vom Gericht zur Behandlung in eine forensisch-psychiatrische Klinik eingewiesen wurde, statt eine Gefängnisstrafe absitzen zu müssen.

Introjektion

Introjektion ist ein mentaler Prozess, durch den eine wichtige Person oder Sache verinnerlicht wird, entweder als Ganzes oder zum Teil. Introjektion kann eine nützliche Methode sein, eine positive Beziehung oder einen positiven Einfluss beizubehalten, oder sie kann ein ungesunder Abwehrmechanismus gegen Trennungsangst und Verlust sein. Als Modell dient die körperliche Einverleibung: Was verinnerlicht wird, wird sozusagen geschluckt, absorbiert und zu einem Teil des Selbst gemacht.

Ödipale Situation oder Ödipuskomplex

In der modernen psychoanalytischen Theorie bezieht sich die ödipale Situation auf den Moment in der Kindheitsentwicklung, an dem die Exklusivität einer Zweierbeziehung aufgegeben wird und das Kind beginnen kann, die Realität des Elternpaares zu berücksichtigen und eine Beziehung zu ihm zu finden. Die ödipale Situation ist universal und nicht auf den Kontext einer Kernfamilie angewiesen. Zuerst will das Kind seine Mutter oder den Hauptversorger vollständig besitzen. Doch bei optimaler Entwicklung wird auf einer gewissen Stufe die Tatsache der exklusiven Verbindung der Mutter mit dem Vater (oder mit etwas Persönlichem – einer anderen Person oder Aktivität) für das Kind klar und akzeptabel. Akzeptiert das Kind das Bedürfnis und den Wunsch der Mutter nach deren eigener erwachsener Beziehung oder Aktivität nicht, wird seine Entwicklung behindert. Es wird dadurch in der Phantasie einer exklusiven inzestuösen Beziehung festgehalten, also in der Phantasie, einem generationsübergreifenden Paar anzugehören. Das erschwert es ihm als Erwachsenem, eine unabhängige sexuelle Identität herauszubilden oder auf sichere Weise eine Beziehung zu Intimpartnern zu finden.

Nach der Freud'schen Psychologie wird der Ödipuskomplex am intensivsten während der phallischen Entwicklungsstufe, im Alter von drei bis fünf, erlebt und nimmt während der sogenannten Latenzzeit ab. Während der Pubertät kehrt er mit voller Kraft zurück, und seine erfolgreiche Überwindung wird daran gemessen, inwieweit die Person in der Lage ist, sich von den Eltern zu trennen und eine eigene Identität herauszubilden, Sexualpartner zu finden und ein sexuelles Leben als autonomes Individuum zu genießen.

Projektion und projektive Identifizierung

Projektion ist eine Form der primitiven Abwehr, wodurch eine Person Gefühle, die sie nicht als Selbstanteil anerkennen will, loswird, indem sie diese einer anderen Person oder Sache zuschreibt. Es ist eine übliche psychische Strategie, die von uns allen bis zu einem gewissen Grad angewendet wird. Klinisch findet man sie bei Phobien, wo unerträgliche negative Gefühle abgespalten und externalisiert werden, und bei der Paranoia.

Bei der sogenannten projektiven Identifizierung findet ein Austauschvorgang zwischen dem Projizierenden und der Person, die die Projektion empfängt, statt. Der Empfänger empfindet gefühlsmäßig und averbal etwas vom ursprünglichen Gefühl (zum Beispiel der Angst) des Projizierenden. Wenn der Empfänger »verständnisvoll« damit umgeht und das Wahrgenommene auf eine beruhigende und entängstigende Weise dem Sender mitzuteilen vermag, kann dieser die Angst als seine eigene anerkennen und einen besseren Umgang damit finden. Es wird dann für ihn möglich, die ursprünglich abgespaltenen Gefühle als Teil des Ichs anzuerkennen.

Realitätsprinzip

Nach Freud reguliert das Realitätsprinzip zusammen mit seinem Gegenpol, dem Lustprinzip, das psychische Geschehen. Das Realitätsprinzip steuert und modifiziert das angeborene Luststreben nach den Erfordernissen der Umwelt. Das Ich ist der Teil des seelischen Apparates, der zwischen dem Diktat der äußeren Realität und dem Lusttrieb vermittelt.

Regression

Regression ist ein Rückzug auf eine frühere Stufe der psychischen Geschichte oder Entwicklung. Insofern die psychotherapeutische Situation Erinnerungen an Verletzlichkeit und Abhängigkeit während der Kindheit auslöst und den Patienten in ähnliche emotionale Zustände versetzt, ist Regression eine natürliche Reaktion und hilfreich für den Therapeuten, da sie den Patienten für die Erfahrung der Therapie öffnet und häufig die Schwierigkeiten einer bestimmten Lebensetappe re-inszeniert. Sie kann jedoch hinderlich sein, wenn ein Patient in einem regressiven Verhalten verharrt.

Soziales Abwehrsystem

Ein System von Abwehrmechanismen innerhalb einer Organisation oder sozialen Gruppe, das sich über eine Zeitspanne entwickelt und sich besonders oft auch in dem Bereich manifestiert, den man als neutrales Gebiet der üblichen Gruppenpraktiken ansieht. Das System funktioniert, um Individuen vor psychischem Schmerz oder Unbehagen zu schützen. Doch ohne sich einem solchen Schmerz zu stellen, kann die Gruppe – und das trifft besonders auf soziale Dienste zu – erleben, dass ihre Bemühungen, ihre Aufgaben zu erfüllen, von innen unterminiert werden.

Spaltung

Spaltung ist eine primitive Form der Abwehr: Eine Person oder ein Objekt wird einseitig schwarzweiß gemalt, weil die Anerkennung einer komplexeren und ambivalenteren Reaktion das Identitätsgefühl des Individuums bedrohen würde. Typischerweise wird eine für das Individuum wichtige Person in stark positiven Begriffen vorgestellt (die Person wird *idealisiert*), obwohl negative Gefühle durchsickern, die Kummer und Bestürzung erzeugen können. Solange diese negativen Gefühle geleugnet werden, bleibt die Spaltung bestehen, die eine idealisierte, doch unrealistische Beziehung aufrechtzuerhalten erlaubt.

Über-Ich

In Freuds Modell des Bewusstseins ist das Über-Ich die Kraft, die für das Gewissen und die moralischen Normen verantwortlich ist. Die Herausbildung von Idealen und von Beschränkungen und Verboten gehört unter anderem zu den Aktivitäten des Über-Ichs. In der Freud'schen Lehre wurde das Über-Ich als Produkt der ödipalen Phase angesehen, das durch die Verinnerlichung des elterlichen Verbots entsteht. Heute glauben jedoch viele, dass es früher gebildet wird oder dass es zumindest von früher Kindheit an psychologische Mechanismen gibt, die das Fundament für die spätere Entwicklung des Über-Ichs legen. Aus klinischer Sicht ist es sinnvoll, zu unterscheiden zwischen einem strengen Über-Ich, das ein ziemlich kritisches Urteil über die restliche Persönlichkeit fällt und das als herabsetzend und entmutigend erlebt wird, und einem milderen Über-Ich, das als motivierende und führende Kraft agiert.

Übertragung

Übertragung ist ein unbewusster Prozess, durch den Gefühle aus frühen prägenden Beziehungen auf gegenwärtige Beziehungen umgelenkt werden – im therapeutischen Kontext auf die Person des Psychotherapeuten. Übertragungsreaktionen kommen im alltäglichen Leben vor, in der therapeutischen Beziehung tendieren sie aber dazu, eine besondere Kraft zu entwickeln, weil diese Beziehung emotional besonders intensive und aufwühlende Kindheitserinnerungen von Schwierigkeiten und Kummer auslösen kann. Übertragungsreaktionen sind ihrer Natur nach defensiv, weil sie das Individuum vor schmerzlichem Wissen um die Quelle und wahre Natur seiner Gefühle schützen. Sie sind bei der Psychoanalyse besonders nützlich, weil sie eine reiche und unmittelbare Informationsquelle über frühkindliche Beziehungen darstellen, zu denen man sonst nur wenig oder keinen Zugang hätte. Bei der Arbeit mit der Übertragungsbeziehung zwischen Patienten und Therapeuten geht es darum, die Natur der Übertragung zu verstehen und sie zugunsten einer realitätsnäheren Beziehung aufzulösen, was ein wichtiger Teil der Aufgabe der psychoanalytischen Therapie ist.

Verdrängung

Verdrängung ist der prototypische Abwehrmechanismus, bei dem die Erinnerungen, Gedanken und Gefühle, die mit einem Triebimpuls verbunden sind, wegen ihrer bedrohlichen oder beunruhigenden Natur in das Unbewusste geschoben werden. Der Triebimpuls kehrt dann zurück, aber in getarnter Form. Verdrängung ist eine universelle Form der Abwehr und von grundlegender Bedeutung für die Entwicklung des Unbewussten als wichtigem Teil der Psyche. Der Begriff wird oft als Synonym für Abwehr allgemein verwendet und spielt in der Tat eine Rolle bei vielen anderen Abwehrprozessen.

Widerstand

Der Begriff bezeichnet Aussagen und Handlungen des Patienten, die den Zugang zu unbewussten Gefühlen und Beweggründen verhindern. Widerstand ist selbst oft unbewusst. Widerstand kann sich manifestieren in Form innerer Abwehrmechanismen, die sich durch Verhaltensweisen des Patienten sowohl in der Therapie als auch außerhalb derselben äußern. Beides funktioniert, um dafür zu sorgen, dass sich der Patient nicht Gefühlen und Gedanken stellen muss, die sich für ihn unerträglich schmerzlich anfühlen.

Wiederholungszwang

Der Wiederholungszwang beschreibt die Neigung des menschlichen Geistes, unbewusste traumatische Erfahrungen, oft aus einer frühen Entwicklungsstufe, zu wiederholen, als Versuch, sie zu meistern und zu kontrollieren. So tendieren problematische Kindheitsbeziehungen dazu, im Erwachsenenalter wieder aufzutreten, gewöhnlich in getarnter Form, und es kann sein, dass eine solche unbewusste Wiederholung erst überwunden wird, falls und wenn das Individuum befähigt wird, die wahre Quelle und Natur des Problems zu verstehen.